GUTE FAHRT! 1 Neu

Allemand
A1 > A2

Collection dirigée par
Jean-Pierre BERNARDY
Inspecteur Pédagogique Régional honoraire

Catherine CREUX

Delphine DUCHESNE
Professeure certifiée
Collège Elsa Triolet, Saint-Denis (93)

Mareike JASTER
Professeure certifiée
Collège Anceau de Garlande, Roissy-en-Brie (77)
Formatrice – Académie de Créteil

Camille LARDIÈRE
Professeure certifiée
Lycée Gustave Eiffel, Gagny (93)

Florence LOZACHMEUR
Professeure agrégée
Collège de l'Europe, Chelles (77)
Formatrice – Académie de Créteil

Sophie PONCHON
Professeure certifiée
Collège Raymond Poincaré, La Courneuve (93)

Nathan

Niveaux du CECRL et nouveaux programmes

Au cours de la 1re année d'apprentissage, l'objectif est d'atteindre le niveau A1 et d'amorcer le niveau A2. À l'issue du cycle 4, en classe de 3e, pour la LV2, l'élève devra avoir atteint le niveau A2 dans au moins deux activités langagières. En LV1, il devra avoir validé le niveau A2 dans l'ensemble des activités langagières et progressé vers le niveau B1.

	ÉCOUTER ET COMPRENDRE	LIRE ET COMPRENDRE	RÉAGIR ET DIALOGUER	PARLER EN CONTINU	ÉCRIRE ET REAGIR À L'ÉCRIT
A1	Peut comprendre des mots familiers et des expressions courantes sur lui-même, sa famille et son environnement.	Peut comprendre des textes courts et très simples, phrase par phrase, en relevant des noms, des mots familiers et des expressions très élémentaires et en relisant si nécessaire.	Peut interagir brièvement dans des situations déjà connues en utilisant des mots et expressions simples et avec un débit lent.	Peut produire des expressions simples, isolées, sur les gens et les choses.	Peut écrire des expressions et phrases simples isolées.
A2	Peut comprendre une intervention brève si elle est claire et simple.	Peut comprendre de courts textes simples sur des sujets concrets courants avec une fréquence élevée de langue quotidienne.	Peut interagir avec une aisance raisonnable dans des situations bien structurées et de courtes conversations à condition que le locuteur apporte de l'aide le cas échéant.	Peut décrire ou présenter simplement des gens, des conditions de vie, des activités quotidiennes, ce qu'on aime ou pas, par de courtes séries d'expressions ou de phrases.	Peut écrire une série d'expressions et de phrases simples reliées par des connecteurs simples tels que « et », « mais » et « parce que ».

Les programmes sont en lien avec les cinq domaines du Socle commun :
- Domaine 1 Les langages pour penser et communiquer
- Domaine 2 Les méthodes et outils pour apprendre
- Domaine 3 La formation de la personne et du citoyen
- Domaine 4 Les systèmes naturels et les systèmes techniques
- Domaine 5 Les représentations du monde et l'activité humaine

Édition : **Petra Treuer, Cécilia Pinaud-Jacquemier**
Iconographie : **Nadine Gudimard**
Illustrateurs : **Laurent Audouin, Philippe Chauvet**
Conception de la maquette : **Véronique Lefebvre**
Mise en pages : **La papaye verte**
Conception de la couverture : **Grégoire Bourdin**
Cartographie : **Philippe Chauvet**

ISBN 978.2.09.175253.2

Bienvenue dans GUTE FAHRT! 1 Neu

GUTE FAHRT! 1 Neu se propose de t'accompagner tout au long de cette première année dans la découverte de la langue allemande et des pays germanophones. Les 7 unités du manuel constituent, avec la pré-unité *Es geht los!*, un parcours d'apprentissage qui t'amènera très rapidement au niveau A1 du ***Cadre européen*** et qui t'engagera ensuite sur la voie du niveau A2, qui pour la LV2 est l'objectif visé à la fin du collège. Si tu as déjà bénéficié d'un enseignement d'allemand à l'école élémentaire, les premières unités te permettront de réactiver et de consolider tes acquis et de progresser plus rapidement au niveau A2 pour t'approcher du niveau B1 en fin de 3e.

Apprendre une langue étrangère, c'est d'abord s'entraîner à *écouter et comprendre, lire et comprendre, réagir et dialoguer, parler en continu, écrire et réagir à l'écrit.* **GUTE FAHRT! 1 Neu** te propose de le faire non pas en étudiant la langue comme quelque chose d'extérieur, mais en l'utilisant dans des situations concrètes, en sollicitant ton imagination et ta créativité. C'est ainsi que tu vas t'approprier le vocabulaire et les structures grammaticales dont tu auras besoin pour communiquer de façon simple, mais cohérente.

En apprenant une langue étrangère, tu acquiers aussi des connaissances et des compétences plus larges qui te seront utiles dans les autres matières, tout au long de ta scolarité et sans doute au-delà, tu participes à la construction du **Socle commun de connaissances, de compétences et de culture** que tout élève doit avoir acquis à l'issue de la scolarité obligatoire.

• **GUTE FAHRT! 1 Neu** t'invite ainsi régulièrement à établir des liens entre l'allemand, le français, les autres langues que tu étudies ou que tu pratiques et les langues anciennes. En outre, deux dossiers permettent un **travail interdisciplinaire dans le cadre des EPI *Transition écologique et développement durable*** et ***Langues et cultures de l'Antiquité***.

• Dans chaque unité, le *Gruppenpuzzle*, qui aborde un aspect culturel en lien avec le thème de l'unité, te donne l'occasion de découvrir d'autres modes de vie et de te familiariser avec la **démarche de projet** et le **travail collaboratif en groupe**.

• Les pages *Miteinander* et *Kunstfeuilleton*, quant à elles, apportent un éclairage spécifique à **l'Enseignement moral et civique** et au **Parcours d'éducation artistique et culturelle**.

• **GUTE FAHRT! 1 Neu** t'aide également à bien percevoir les objectifs poursuivis (*Je vais apprendre* à…), à faire le point dans chaque *Station* sur tes acquis linguistiques (*Sprache aktiv*) et à faire le bilan de tes capacités (*Ich kann's, Mon bilan de compétences*). La page *Lernen zu lernen* t'apporte une **aide méthodologique** qui te permettra de devenir progressivement plus autonome. En fin de manuel, pour faciliter ton travail personnel, tu disposes d'un mémento grammatical et d'un lexique allemand-français

• Tu es sensibilisé(e) à l'utilisation des **outils numériques** et au **traitement de l'information**, notamment par la réalisation d'une production finale (*Unser Projekt*).

• N'oublie pas également que tu peux réécouter les enregistrements des dialogues et les exercices de prononciation (*Sprechtraining*) sur collegien.nathan.fr/gf1neu.

Te voilà donc prêt(e) à entreprendre avec nous ce voyage à travers la langue allemande et les pays germanophones ! *Jetzt wünschen wir dir also **Gute Fahrt**!*

Les auteurs

PRÉSENTATION DU MANUEL

Les activités langagières

- Écouter et comprendre
- Lire et comprendre

Structure d'une unité

En début d'unité

- Un document pour rentrer dans la thématique de l'unité
- Ce que tu vas apprendre
- Ce que tu pourras faire en fin d'unité → Unser Projekt

2 *Stationen*

- Une grande variété de **documents** (vidéos, audio, textes) pour découvrir les nouvelles structures
- **Plusieurs activités langagières** travaillées
- Un point de **phonologie** pour t'entraîner à bien prononcer

- ***Zwischenstation***
  Une activité bilan pour t'entraîner avant la production de fin d'unité
- ***Ich kann's***
  Un bilan des acquis de la *Station*

Greif zu!

- Des activités pour **préparer** ou **consolider** celles de la *Station*

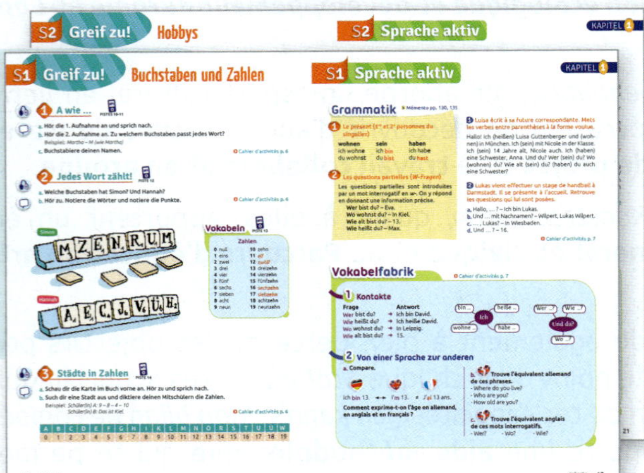

Sprache aktiv

- Le **bilan grammatical** de la *Station* et des exercices
- Le **bilan lexical** de la *Station* et des **activités interlangues**

Gruppenpuzzle

- Des **documents** pour découvrir le monde germanophone
- Des **activités de groupe**

Parler en continu

Réagir et dialoguer

Écrire et réagir à l'écrit

Les logos utilisés

Cahier d'activités p. 5
Renvoi au Cahier d'activités

MP3 PISTE 1
Audio élève

Classe
Audio classe

VIDEO
Vidéos sur DVD classe et manuel numérique

Parcours citoyen
Éducation aux valeurs de respect

Parcours artistique
Éducation à l'art

Les rubriques récurrentes

→ ***Vokabeln***
Aide à l'expression

→ ***Sprechtraining***
Entraînement à la prononciation et à l'accentuation

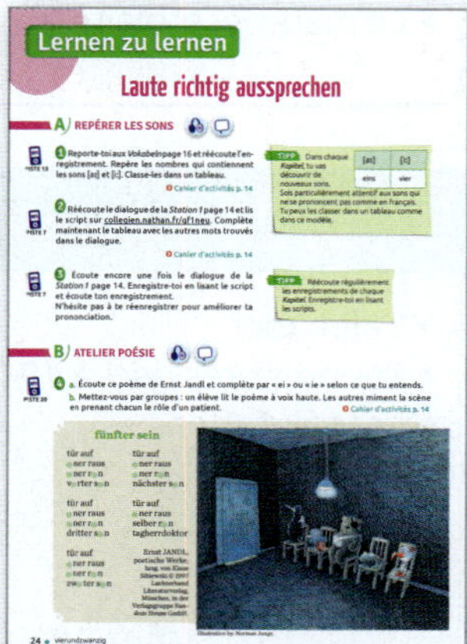

Lernen zu lernen

- Des **méthodes** pour mieux apprendre et gagner en autonomie
- Des **ateliers** d'application immédiate

Miteinander

- Des **documents** pour apprendre le **respect** des autres ou celui de la nature
- Une tâche simple de médiation

Kunstfeuilleton

- Une **œuvre d'art** présentée dans un grand visuel
- La présentation de **l'artiste** ou de l'œuvre
- Des **consignes pour s'exprimer** sur l'œuvre de façon simple
- Une micro-tâche artistique

En fin d'unité

- Une **réalisation concrète**, à faire en fin de parcours avec un prolongement TICE
- Un **bilan** pour faire le point sur les compétences travaillées et les connaissances acquises

En fin de manuel

- 2 dossiers **EPI** pour pratiquer l'allemand dans le cadre de **projets interdisciplinaires**
- Des pages ***Feste und Feiertage*** avec des chansons, une vidéo et une recette
- Un **mémento grammatical**
- Un **lexique allemand-français**

Sommaire

A1 → A2

Grammaire	Compétences culturelles	Projet
• Genre et nombre **Sprechtraining** • [au̯]	Situer quelques villes allemandes	
• Le présent (singulier) • Les questions partielles (*W-Fragen*) • Formes particulières au présent • La place du verbe **Sprechtraining** • [v] • L'accent de mot	**Gruppenpuzzle** Junge Leute – Orte – Aktivitäten VIDEO **Miteinander** Parcours citoyen Sich begrüßen	**Unser Projekt** Einen sprechenden Avatar erstellen **TICE** Voki
• L'expression de l'appartenance • Les questions globales (*Ja/Nein-Fragen*) • Le présent de l'indicatif (pluriel) • Le verbe de modalité *können* • La négation du groupe verbal **Sprechtraining** • L'intonation de la phrase interrogative • [r] ou [ɐ]	**Gruppenpuzzle** Die Bachs – eine Musikerfamilie VIDEO **Kunstfeuilleton** Parcours artistique Familienbild	**Unser Projekt** Beim Familien-Selfie-Wettbewerb mitmachen **TICE** Photo Editor
• Les verbes forts au présent • Les verbes à préverbe séparable • Les compléments de temps • La place du verbe conjugué **Sprechtraining** • [ɪ] ou [iː] • [ts] et [z]	**Gruppenpuzzle** Verschiedene Schulformen VIDEO **Miteinander** Parcours citoyen Klassensprecher	**Unser Projekt** Eine Szene aus einem „deutschen Schultag" filmen **TICE** Video Editor
• Le verbe de modalité *wollen* • Le complément d'objet à l'accusatif • La forme négative du groupe nominal indéfini • Le verbe de modalité *mögen* • Les pronoms personnels à l'accusatif (sg.) **Sprechtraining** • « h » en début de mot : [h] • Voyelles longues ou brèves	**Gruppenpuzzle** Auf Trachten-Tour durch Deutschland VIDEO **Kunstfeuilleton** Parcours artistique Ballettkostüme	**Unser Projekt** Einen Artikel über Mode, Trends und Stars schreiben **TICE** OpenOffice

Grammaire	Compétences culturelles	Projet
• Le locatif • Le comparatif de supériorité • L'impératif • Les pronoms personnels au datif (1re et 2e pers. du singulier) **Sprechtraining** • L'accentuation des mots composés • « e » en fin de mot : [ə]	**Gruppenpuzzle** In Deutschland wohnen VIDEO **Miteinander** Parcours citoyen Müll oder nicht?	**Unser Projekt** Ein Wohnhaus zum Leben erwecken **TICE** Aurasma
• Le directif • L'impératif pluriel • Le verbe de modalité *dürfen* • La proposition subordonnée introduite par *weil* **Sprechtraining** • [ɔy] • L'inflexion des voyelles	**Gruppenpuzzle** Hamburger Facetten VIDEO **Kunstfeuilleton** Parcours artistique Die Wiener Secession	**Unser Projekt** Eine akustische Postkarte über eine deutschsprachige Stadt erstellen **TICE** Audacity
• L'opposition directif / locatif • Exprimer une possibilité • La comparaison **Sprechtraining** • [ç] ou [ʃ] • [b] ou [p], [d] ou [t], [g] ou [k]	**Gruppenpuzzle** Die Bremer Stadtmusikanten VIDEO **Miteinander** Parcours citoyen Im Nationalpark	**Unser Projekt** Vorschläge für eine Klassenfahrt machen und darüber diskutieren **TICE** Prezi

Projet interdisciplinaire

Organiser un forum sur l'environnement au collège

Matières concernées

Allemand – SVT – Enseignement moral et civique

Unser Projekt

Öko-Regeln für die Klasse oder die Schule erstellen

Projet interdisciplinaire

Réaliser une exposition sur l'influence de la civilisation romaine en Europe

Matières concernées

Allemand – Latin – Français

Unser Projekt

Einen Comic zum Thema „Römer und Germanen" erstellen

Es geht los!

Am Telefon

1 Antonin ruft an

MP3 PISTE 1

a. Hör zu. Wer sind die Personen?

b. Such dir eine Identität aus und spiel einen Dialog mit deinem Partner / deiner Partnerin.

- super
- gut
- so lala
- nicht gut

Hallo, ich bin ...

Wie geht's?

Tschüss!

Vornamen

Mädchen	Jungen
Lea • Lara • Emily • Lena • Leonie • Sarah • Emma • Paula • Mia • Luisa	Jan • Tom • Leon • Felix • Niklas • Philipp • Simon • Max • Tim • Finn

2 Lukas ruft zurück

MP3 PISTE 2

a. Hör zu. Was sagt Antonin? Und Lukas?

b. Antonins Eltern schicken Familie Graf eine SMS. Was ist richtig?

Cahier d'activités p. 3

Sonne, Wind und Regen

3 Hallo Berlin!

MP3 PISTE 3

Hör zu und notiere Informationen über den Flug.

Cahier d'activités p. 3

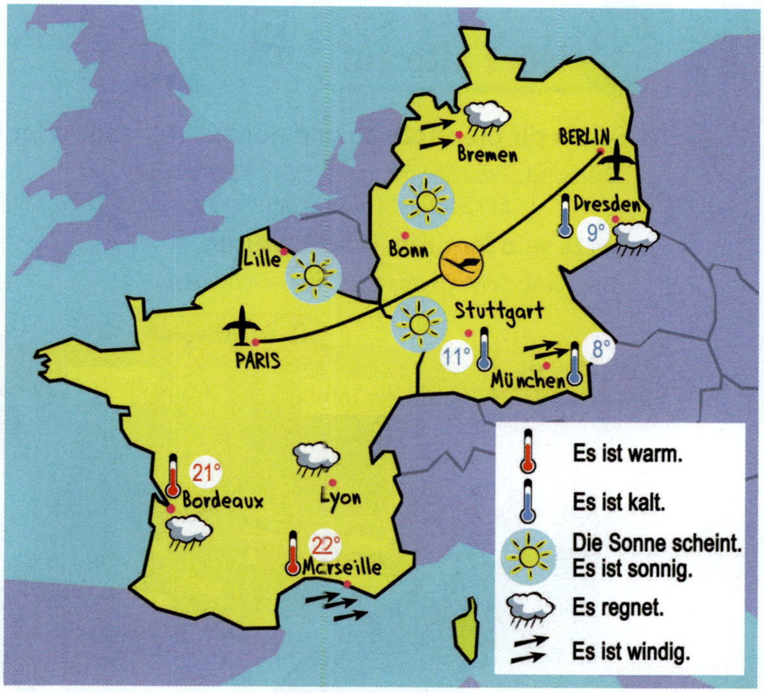

4 Wie ist das Wetter?

Schau dir die Karte an und frag deine Mitschüler.

Beispiel: *Schüler(in) A: Wie ist das Wetter in Dresden?*
Schüler(in) B: Es regnet.

5 Farbenspiel

a. Was passt zusammen?

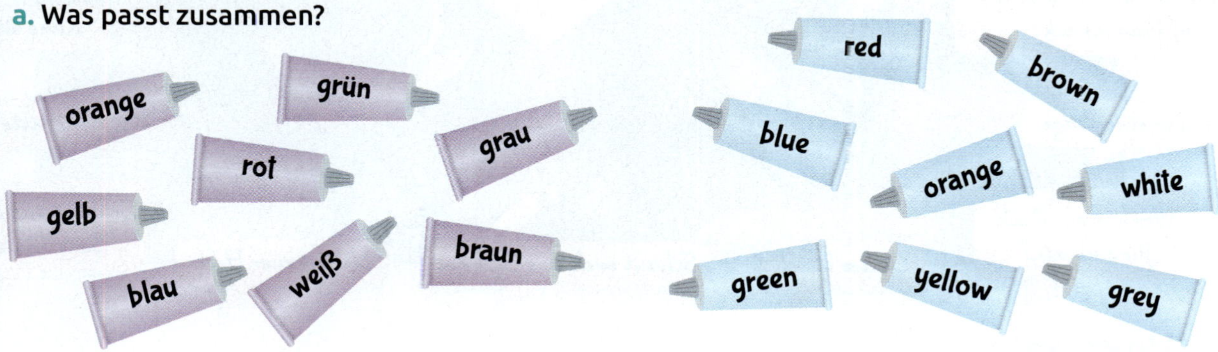

b. Hör dir das Gedicht an. Lies es dann der Klasse vor.

MP3 PISTE 4

Der Regenbogen

Ein Regenbogen,
komm und schau!
Rot und orange,
gelb, grün und blau!

Josef Guggenmos, © Beltz & Gelberg, 2006

Sprechtraining

[au]

Cahier d'activités p. 3

MP3 PISTE 5

In der Schule

6 Hört alle zu!

MP3 PISTE 6

a. Schau dir die Sätze an und hör zu. Wer sagt oder fragt was?

Beispiel: *Frau Stein sagt: … / Die Klasse sagt: …*
Ein Schüler / eine Schülerin / Antonin fragt: …

b. Jetzt seid ihr dran. Macht weiter.

Beispiel: *Schlagt das Buch auf. – Ich habe …*

Vokabeln

Schulsachen

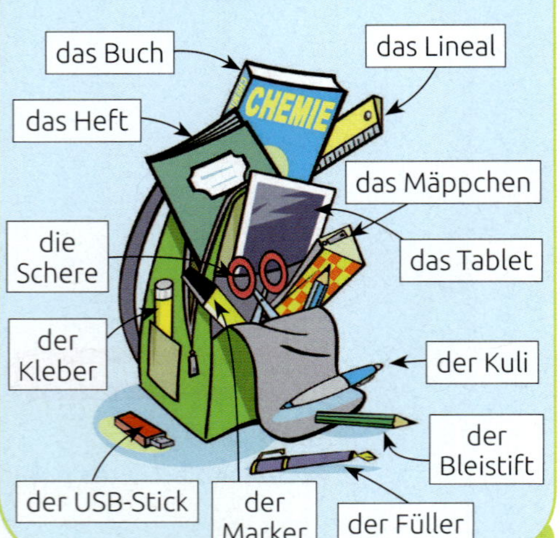

Grammatik

› Mémento p. 131

Genre et nombre

	article défini	article indéfini
masculin	der Kuli	ein Kuli
neutre	das Heft	ein Heft
féminin	die Schere	eine Schere
pluriel	die Schulsachen	ø Schulsachen

KAPITEL 1

Sag uns, wer du bist!

Je vais apprendre à…

- comprendre quelqu'un qui se présente.
- me présenter et parler de mes loisirs.
- poser des questions sur l'identité de quelqu'un et les loisirs.
- compter jusqu'à 19.
- épeler un mot.
- être attentif à la prononciation des sons allemands.

Je vais découvrir…

- quelques villes allemandes.
- des types d'établissements scolaires en Allemagne.
- comment on se salue en Allemagne.

Unser Projekt

Créer un avatar allemand

Station 1 Neue Identität

Greif zu! p. 16

1 Top 5 der besten Teenie-YouTuber

MP3 PISTE 7 VIDEO

a. Schau dir das Video an und finde Informationen über die fünf YouTuber.

b. Was sagt Mathefun? Und TopChef?

Beispiel: *Hallo! Ich bin … Ich heiße … Ich bin … Jahre alt. Ich wohne in …*

Cahier d'activités p. 4

Sprechtraining

MP3 PISTE 8

[v]

Cahier d'activités p. 5

2 Celi auf ask.fm

a. Lies die Seite von Celi.
b. Du bist Celi. Stell dich vor.

Celi @Celi
YouTuberin
Youtube: https://www.youtube.com/user/Celi
Facebook: https://www.facebook.com/Celi

1209 Antworten | 253517 gefällt das | 12 Geschenke

Stell mir eine Frage

300 Fragen

Antworten

Du machst super Videos!
Oh, danke schön ❤
vor 2 Tagen — 371 Personen gefällt das

Wie alt bist du? 19? Jule
17 :))
vor 2 Tagen — 435 Personen gefällt das

Hallo! Wo wohnst du? Flori
In Bremen :o
Vor 7 Tagen — 264 Personen gefällt das

Und mit Nachnamen? : (
Sag' ich nicht! Tut mir leid!!!
Vor 7 Tagen

Das weiß ich doch. Wie heißt du? <3
... Celina!
Vor 7 Tagen — 488 Personen gefällt das

Wer bist du? :D
Hä, Celi ;-)
Vor 7 Tagen — 128 Personen gefällt das

3 U 17 oder U 19?

MP3 PISTE 9

a. Hör zu und notiere folgende Informationen: Trikotnummer, Vor- und Nachname, Alter, Wohnort.
b. Schüler(in) A ist neu im Fußballclub. Er / sie stellt Schüler(in) B Fragen.

Beispiel: *Schüler(in) A: Wie heißt du?*
Schüler(in) B: Ich heiße ...

Cahier d'activités p. 5

U 17-Juniorinnen Deutschland

Zwischenstation

Generation YouTube

a. Du bist ein deutscher YouTube-Star. Such dir eine neue Identität aus.
b. Schüler(in) A ist Journalist(in). Schüler(in) B ist ein deutscher YouTube-Star. Spielt das Interview.

Ich kann's — A1

- ✓ Je comprends quelqu'un qui se présente.
- ✓ Je sais me présenter.
- ✓ Je peux me renseigner sur quelqu'un.

Schnelltest • Cahier d'activités p. 8

Buchstaben und Zahlen

1 A wie ...

PISTES 10-11

a. Hör die 1. Aufnahme an und sprich nach.
b. Hör die 2. Aufnahme an. Zu welchem Buchstaben passt jedes Wort?
Beispiel: *Martha – M (wie Martha)*
c. Buchstabiere deinen Namen.

Cahier d'activités p. 6

2 Jedes Wort zählt!

PISTE 12

a. Welche Buchstaben hat Simon? Und Hannah?
b. Hör zu. Notiere die Wörter und notiere die Punkte.

Cahier d'activités p. 6

Vokabeln

PISTE 13

Zahlen

0	null	**10**	zehn
1	eins	**11**	elf
2	zwei	**12**	zwölf
3	drei	**13**	dreizehn
4	vier	**14**	vierzehn
5	fünf	**15**	fünfzehn
6	sechs	**16**	sechzehn
7	sieben	**17**	siebzehn
8	acht	**18**	achtzehn
9	neun	**19**	neunzehn

3 Städte in Zahlen

PISTE 14

a. Schau dir die Karte im Buch vorne an. Hör zu und sprich nach.
b. Such dir eine Stadt aus und diktiere deinen Mitschülern die Zahlen.
Beispiel: *Schüler(in) A: 9 – 8 – 4 – 10*
Schüler(in) B: Das ist Kiel.

Cahier d'activités p. 6

A	B	C	D	E	F	G	H	I	K	L	M	N	Ö	R	S	T	U	Ü	W
0	1	2	3	4	5	6	7	8	9	10	11	12	13	14	15	16	17	18	19

S1 Sprache aktiv

Grammatik

Mémento pp. 130, 135

1 Le présent (1re et 2e personnes du singulier)

wohnen	sein	haben
ich wohn**e**	ich **bin**	ich hab**e**
du wohn**st**	du **bist**	du **hast**

2 Les questions partielles (*W-Fragen*)

Les questions partielles sont introduites par un mot interrogatif en *w-*. On y répond en donnant une information précise.

Wer bist du? – Eva.
Wo wohnst du? – In Kiel.
Wie alt bist du? – 13.
Wie heißt du? – Max.

1 **Luisa écrit à sa future correspondante. Mets les verbes entre parenthèses à la forme voulue.**

Hallo! Ich (heißen) Luisa Guttenberger und (wohnen) in München. Ich (sein) mit Nicole in der Klasse. Ich (sein) 14 Jahre alt, Nicole auch. Ich (haben) eine Schwester, Anna. Und du? Wer (sein) du? Wo (wohnen) du? Wie alt (sein) du? (haben) du auch eine Schwester?

2 **Lukas vient effectuer un stage de handball à Darmstadt. Il se présente à l'accueil. Retrouve les questions qui lui sont posées.**

a. Hallo, … ? – Ich bin Lukas.
b. Und … mit Nachnamen? – Wilpert, Lukas Wilpert.
c. … , Lukas? – In Wiesbaden.
d. Und … ? – 16.

Cahier d'activités p. 7

Vokabelfabrik

Cahier d'activités p. 7

1 Kontakte

Frage		Antwort
Wer bist du?	→	Ich bin David.
Wie heißt du?	→	Ich heiße David.
Wo wohnst du?	→	In Leipzig.
Wie alt bist du?	→	15.

Ich: bin … / heiße … / wohne … / habe …

Und du?: Wer …? / Wie …? / Wo …?

2 Von einer Sprache zur anderen

a. Compare.

Ich **bin** 13. ⟷ I'**m** 13. ≠ J'**ai** 13 ans.

Comment exprime-t-on l'âge en allemand, en anglais et en français ?

b. Trouve l'équivalent allemand de ces phrases.

- Where do you live?
- Who are you?
- How old are you?

c. Trouve l'équivalent anglais de ces mots interrogatifs.

- Wer? - Wo? - Wie?

Station 2 Talente und Interessen

Greif zu! p. 20

1 Facebook-Profile

PISTE 15

a. Lies die Facebook-Profile. Stell die zwei Personen vor.

Beispiel: *Das ist … Sie …*
Der Junge heißt …
Er …

b. Oli telefoniert mit Iris. Hör zu. Welche Hobbys hat Noah? Was macht Aileen gern?

Cahier d'activités p. 9

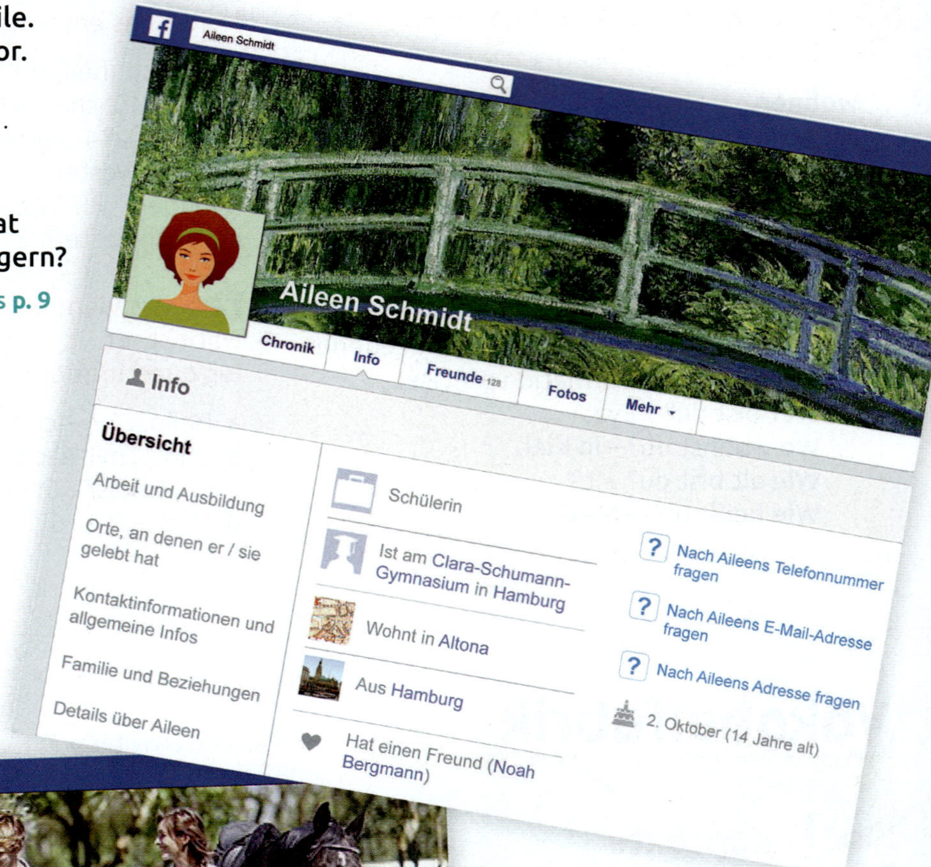

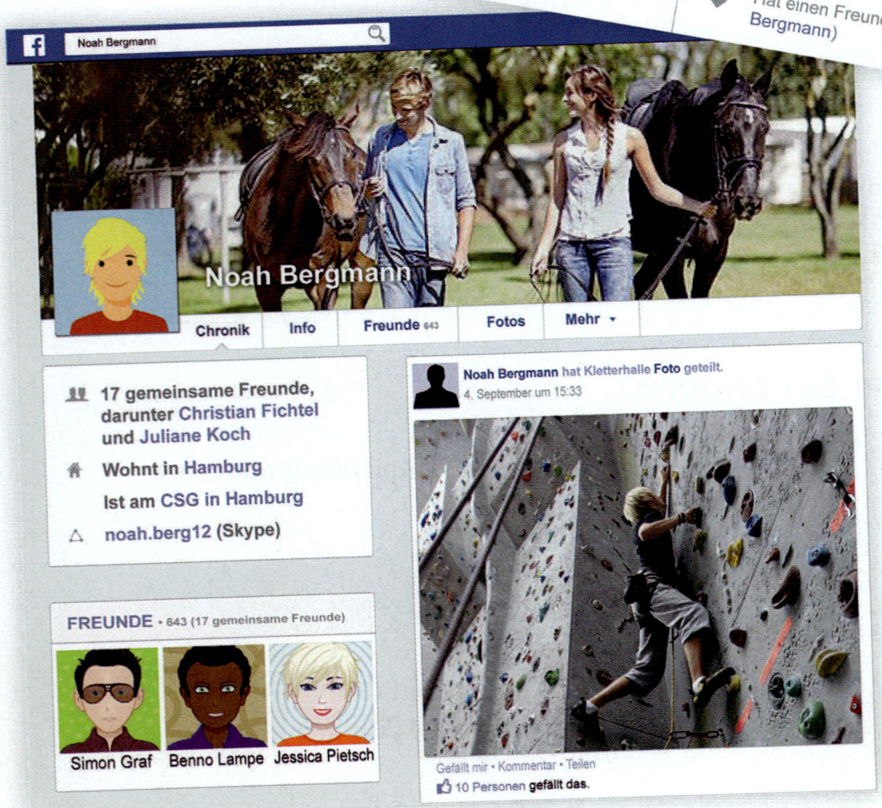

Sprechtraining

PISTE 16

L'accent de mot

Cahier d'activités p. 10

2 Drei Gymnasien – drei Profile

MP3 PISTE 17

a. Lies die drei Webseiten. Was macht Leonie? Und Guido? Und Roman?

b. Hör zu. An welcher Schule ist Emma? Und Leon, Paul und Ronja?

Cahier d'activités p. 10

Leo weiß!

Meine Schule

20. Sept 16

Hallo! Ich bin am Sportgymnasium München in der 8c. Meine Schule ist echt klasse!

1. Sporthalle: Hier habe ich Training. Ich mache Judo.
2. Schwimmhalle: Meine Freundin Jana schwimmt hier. Der Trainer ist Benjamin Schmitz.
3. Stadion: Im normalen Sportunterricht mache ich dort Leichtathletik. Die Fußballspielerin Luzie Kleusch trainiert auch hier!

Bach-Gymnasium
Musikgymnasium

Startseite | Schulteam | **Musik** | Internat | Ereignisse und Projekte | Organisatorisches | Kontakt

Musikalische Aktivitäten am Bach-Gymnasium

Guido Stein aus der 7b

Es heißt:
- ein Instrument bei einem qualifizierten Lehrer erlernen
- fünfmal die Woche üben
- in einem Chor singen
- in einem Orchester spielen

LANDES**KUNST**GYMNASIUM SACHSEN

JAHRGANGSSTUFE 9

Ein Bild von Roman Müller (9a)

	Hauptfach	Projekte
1.	Kreativitätstechniken	im Museum kreativ sein - zeichnen - malen
2.	Neue Medientechniken	einen Film produzieren - fotografieren - Videos machen

Zwischenstation

Talentierte Schüler

a. Vier Schüler sprechen von ihren Hobbys. Die Klasse merkt sich Informationen.

b. Die Klasse organisiert ein Spiel über die Interessen der vier Schüler.

Beispiel: *Marius ist musikalisch. Er spielt gern ... Richtig oder falsch?*

Ich kann's

A1

- Je comprends les activités pratiquées par quelqu'un.
- Je sais parler des loisirs de quelqu'un.

Schnelltest • Cahier d'activités p. 13

S2 Greif zu! Hobbys

1 Activities - Aktivitäten

Was passt zusammen? Assoziiere.

Cahier d'activités p. 11

1. skate
2. swim
3. play the clarinet
4. box
5. ride a horse
6. sing

a. Klarinette spielen
b. boxen
c. reiten
d. singen
e. skaten
f. surfen
g. schwimmen
h. tanzen

2 Spiel + Freizeit

MP3 PISTE 18

a. Hör zu und sprich nach.
b. Was machst du in deiner Freizeit?
Beispiel: *Schüler(in) A* ● *Musik hören → Ich höre Musik.*

3 Und er? Und sie?

MP3 PISTE 19

Hör zu. Was macht Finn gern? Und Lara, Ben und Sofie?

Cahier d'activités p. 11

S2 Sprache aktiv

Grammatik

Mémento pp. 129, 135

1 Le présent (3e personne du singulier)

wohnen	sein	haben
er / sie wohn**t**	er / sie ist	er / sie hat

2 Formes particulières au présent

reiten	zeichnen
ich reit**e**	ich zeichn**e**
du reit**est**	du zeichn**est**
er / sie reit**et**	er / sie zeichn**et**

3 La place du verbe

- Dans un groupe infinitif :
  Musik **hören**
  ***écouter** de la musique*
- Dans une phrase déclarative simple :
  Aileen **hört** gern Musik.

1 Conjugue les verbes entre parenthèses.

a. Mia (sein) sehr sportlich. Sie (klettern) zweimal die Woche und (skaten) auch. Und du, (sein) du auch sehr aktiv?
b. Benno (machen) kreative Fotos und Videos. Er (zeichnen) auch viel. (zeichnen) du auch gern?
c. Niklas (hören) viel Musik. Er (haben) ein Saxofon und (spielen) in einer Band. Und du? Was (machen) du gern in deiner Freizeit?

2 Utilise les groupes infinitifs ci-dessous pour présenter Simon à la 3e personne.

Simon Graf heißen / 14 Jahre alt sein / in Hamburg wohnen / am Clara-Schumann-Gymnasium sein / ein Facebook-Profil haben / dreimal die Woche schwimmen / auch gern reiten / eine Freundin haben / Tanja heißen

Cahier d'activités p. 12

Vokabelfabrik

Cahier d'activités p. 12

1 Hobbys und Aktivitäten

sportlich sein	musikalisch sein	kreativ sein
klettern	singen	Videos machen
reiten	üben	fotografieren
schwimmen	Flöte spielen	malen
trainieren	Musik hören	zeichnen
Fußball spielen	in einem Orchester spielen	
Leichtathletik machen		

2 Von einer Sprache zur anderen

a. Recherche dans le chapitre les mots allemands que tu peux associer à ces mots anglais.

friends • hear • football • dance • activity • orchestra • school

b. Associe chaque mot ou expression à son équivalent français.

a. gern Fußball spielen	**1.** la footballeuse
b. der Fußballspieler	**2.** le match de football
c. die Fußballspielerin	**3.** aimer jouer au football
d. das Fußballspiel	**4.** le footballeur

Gruppenpuzzle

Junge Leute – Orte – Aktivitäten

IN GRUPPEN

a. Bildet vier Gruppen. Jede Gruppe befasst sich mit einem Beitrag.

b. Bildet dann neue Gruppen und tauscht die Informationen aus.

c. Jede neue Gruppe macht eine Sendung für das Schülerradio zu dem Thema „Junge Leute – Orte – Aktivitäten" mit einem Maximum an Informationen.

Carolin aus Travemünde, 14

Lest den Flyer und stellt Carolin vor. Was macht sie gern im Sommer?

Segelcamp Travemünde

Willkommen an Bord!

Was ist das? Ein soziales und nicht kommerzielles Projekt

Für wen? Kinder, Jugendliche, Familien

Was? segeln, windsurfen, schwimmen

VIDEO

Henri aus Köln, 15

a. Schaut euch das Video an. Stellt Henri vor.

b. Was macht er gern in der Freizeit?

Robin, Vlado und Fleur aus Frankfurt an der Oder

a. Lest die Webseite. Stellt Robin, Vlado und Fleur vor.

b. Welche Aktivitäten sind die besten?

Artistik
Verein Frankfurt an der Oder

Akrobatik, Turnen, Jonglage, Contorsion, Trampolin, Pyramidenbau

Mit:

Robin (19): Akrobatik, Jonglage

Fleur (20): Contorsion, Turnen

Vlado (18): Turnen, Pyramidenbau, Trampolin

Gästebuch

- **Doreen** (Montag, 13. April, 22:51) Ein großes Kompliment an die Trainer! Vlado macht dasTrampolintraining mit so viel Engagement! Das ist einfach klasse! Danke!
- **Henning** (Dienstag, 14. März, 14:25) Turnen mit Fleur ist wirklich toll! Vielen Dank!

Melanie aus Prien am Chiemsee, 19

a. Hört euch Melanies Interview an.

b. Stellt Melanie vor. Was macht sie gern?

Laute richtig aussprechen

A) REPÉRER LES SONS

PISTE 13

1 Reporte-toi aux *Vokabeln* page 16 et réécoute l'enregistrement. Repère les nombres qui contiennent les sons [aɪ] et [iː]. Classe-les dans un tableau.

Cahier d'activités p. 14

PISTE 7

2 Réécoute le dialogue de la *Station 1* page 14 et lis le script sur collegien.nathan.fr/gf1neu. Complète maintenant le tableau avec les autres mots trouvés dans le dialogue.

Cahier d'activités p. 14

PISTE 7

3 Écoute encore une fois le dialogue de la *Station 1* page 14. Enregistre-toi en lisant le script et écoute ton enregistrement.
N'hésite pas à te réenregistrer pour améliorer ta prononciation.

TIPP Dans chaque *Kapitel*, tu vas découvrir de nouveaux sons.

[aɪ]	[iː]
eins	vier

Sois particulièrement attentif aux sons qui ne se prononcent pas comme en français. Tu peux les classer dans un tableau comme dans ce modèle.

TIPP Réécoute régulièrement les enregistrements de chaque *Kapitel*. Enregistre-toi en lisant les scripts.

B) ATELIER POÉSIE

PISTE 20

4 **a.** Écoute ce poème de Ernst Jandl et complète par « ei » ou « ie » selon ce que tu entends.
b. Mettez-vous par groupes : un élève lit le poème à voix haute. Les autres miment la scène en prenant chacun le rôle d'un patient.

Cahier d'activités p. 14

fünfter sein

tür auf
●ner raus
●ner r●n
v●rter s●n

tür auf
●ner raus
●ner r●n
dritter s●n

tür auf
●ner raus
●ner r●n
zw●ter s●n

tür auf
●ner raus
●ner r●n
nächster s●n

tür auf
●ner raus
selber r●n
tagherrdoktor

Illustration by: Norman Junge.

Sich begrüßen

Parcours citoyen

1 In der Schule

Was ist richtig? Was ist falsch?

Szene 1

Szene 2

2 Herzlich willkommen in ...?

Wo spielt jede Szene? In Deutschland oder in Frankreich?

Szene 1

Szene 2

3 In der Bäckerei

Wo spielt jede Szene? In Deutschland oder in Frankreich?
Was ist richtig? Was ist falsch?

Szene 1

Szene 2

Szene 3

AUF DEN PUNKT GEBRACHT

Ta classe va faire un voyage en Allemagne, mais une partie des élèves n'apprend pas l'allemand. Tu es chargé(e) par ton professeur d'allemand de rédiger à leur intention une petite fiche de conseils pour faciliter les premiers contacts (comment saluer et se présenter, ce qu'il ne faut pas faire, etc.).

Unser Projekt

Einen sprechenden Avatar erstellen

Etappe 1

Sammle Informationen über dich und über deinen besten Freund / deine beste Freundin. Mach dir Notizen zu folgenden Punkten.
- Name, Vorname,
- Alter,
- Wohnort,
- Aktivitäten.

Etappe 2

Nimm die Präsentation mit deinem Handy oder mit einem Computer auf.

TICE Etappe 3

- Geh auf die Internetseite *Voki* (http://www.voki.com).
- Erstelle einen Avatar.
- Lade deine Audio-Datei (Präsentation) hoch.

Mon bilan de compétences

Éléments du Socle commun	Programme du cycle 4	Connaissances et compétences
1 Communiquer à l'oral et à l'écrit dans une langue étrangère	Compétences langagières (A1)	▶ Isoler des informations simples dans un message : comprendre quelqu'un qui se présente. ▶ Présenter ou décrire : se présenter et parler de ses loisirs. ▶ Établir un contact social, demander et donner des informations (identité, nombres, loisirs), épeler un mot.
2 Apprendre à apprendre		• Apprendre à prononcer correctement les sons allemands.
5 Situer un lieu ou un ensemble géographique	Compétences culturelles	• Situer quelques villes allemandes.
3 S'ouvrir à la différence, dépasser les préjugés et réfléchir à ses propres habitudes		Parcours citoyen • Observer comment on se salue en Allemagne.

KAPITEL 2

Familie mal anders

Je vais apprendre à...

- comprendre quelqu'un qui présente sa famille.
- présenter les membres d'une famille.
- poser des questions sur des personnes.
- décrire quelqu'un, parler de ce qu'il sait faire, indiquer son métier.
- développer des stratégies d'écoute.

Je vais découvrir...

- une tradition de mariage en Allemagne.
- une célèbre famille de musiciens.
- l'autoportrait d'un artiste allemand entouré de sa famille.

Unser Projekt

Participer au concours « Mon selfie de famille »

Station 1 Das ist meine Familie

Greif zu! p. 30

1 Polterabend

PISTE 21

a. Schau dir das Bild an. Wer sind vielleicht diese Personen?

Beispiel: *Das ist vielleicht Daniels Cousine.*

b. Hör zu und notiere Informationen über die Gäste.

c. Du bist Jasmin. Stell deine Familie vor.

Beispiel: *Meine Schwester heißt … Ihr …*

Cahier d'activités p. 15

Vokabeln

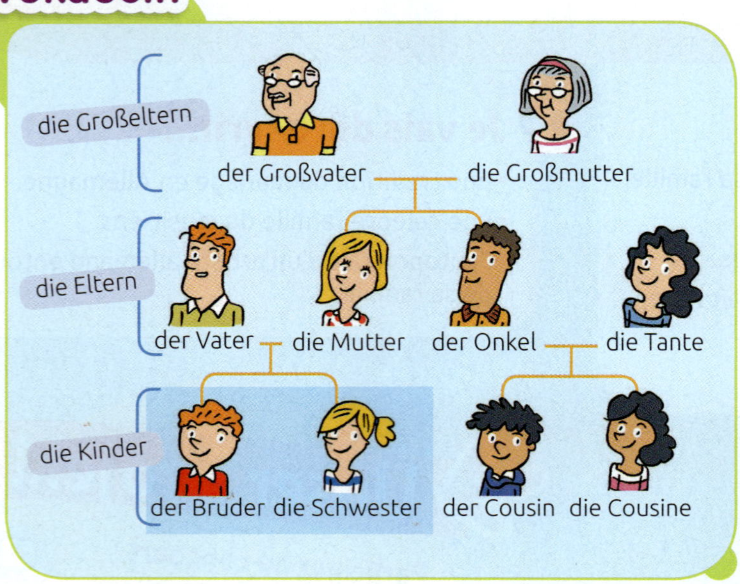

Sprechtraining

PISTE 22

L'intonation de la phrase interrogative

Cahier d'activités p. 16

2 Familienduell

MP3 PISTE 23

a. **Stell die Familie von Julia Schneider, Finn Dietrich und Maja Böhm vor.**

Beispiel: *Julia ist … Jahre alt. Ihr Onkel heißt …*
Finns Familie kommt aus … Seine Mutter ist …

b. **Hör zu. Welche Familien spielen? Notiere weitere Informationen über diese Familien.**

Cahier d'activités p. 16

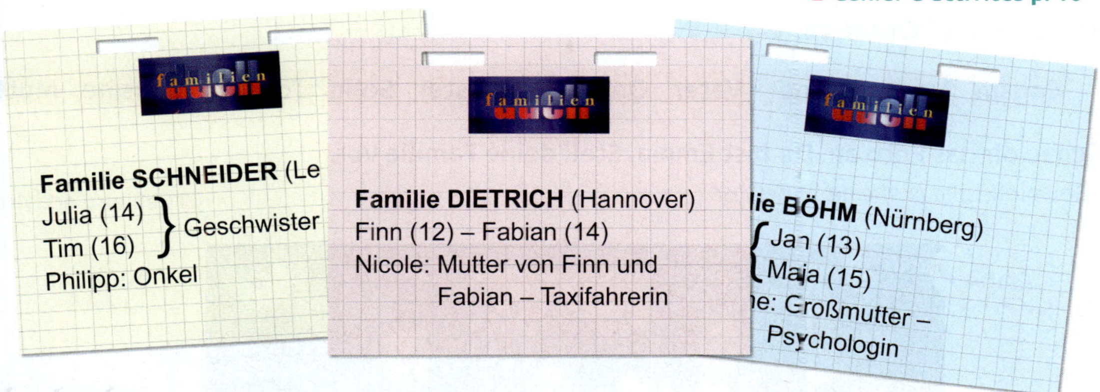

Vokabeln

- der Enkel — *le petit-fils*
- die Enkelin — *la petite-fille*
- die Enkelkinder — *les petits-enfants*

3 Die Schmidts und die Schmitts

a. **Gruppe 1 erfindet für Michael Schmidt eine Identität und Gruppe 2 für Clara Schmitt (Wohnort, Familie, Beruf …).**

b. **Gruppe 1 stellt Fragen über Clara, Gruppe 2 über Michael.**

Beispiel: *Gruppe 1: Wohnt Clara in …?*
Gruppe 2: Ja / Nein.

Cahier d'activités p. 16

Zwischenstation

Familien-Ratespiel

a. Bildet Gruppen. Sucht euch eine Familie aus (TV-Serien, Filme, Literatur …) und erstellt einen Stammbaum.

b. Schreibt zu jeder Person einen Kommentar (Vorname, Hobbys, Beruf).

c. Wer sind diese Familien? Die Klasse stellt jeder Gruppe Fragen.

Ich kann's

A1

- Je comprends quelqu'un qui présente sa famille.
- Je peux donner des informations sur les membres d'une famille.
- Je sais poser des questions sur l'identité de quelqu'un.

Schnelltest • Cahier d'activités p. 19

S1 Greif zu! Familien und Berufe

1 Familie Schweiger

PISTE 24

a. Hör zu.

b. Der oder die? Ordne zu.

Cousin | Tante | Bruder | Vater | Onkel | Schwester | Sohn | Tochter | Cousine | Mutter

c. Schau dir das Foto an. Du bist Emma. Stell deine Familie vor.

Beispiel: *Luna ist meine Schwester.*

Cahier d'activités p. 17

2 Ich heiße K... und bin K...

PISTE 25

a. Schau dir die Bilder an. Hör zu. Welche Berufe werden genannt?

b. Welche Berufe haben Susanne, Lena, Kévin, Philipp und Irène?

Beispiel: *<u>S</u>usanne ist <u>S</u>...*

Cahier d'activités p. 17

3 Familie Meier

PISTE 26

a. Jeder Schüler bekommt einen Namen (Opa Meier – Oma Meier – Papa Meier – Mama Meier – Sohn Peter – Tochter Susi – der Busfahrer).

b. Hör zu. Steh auf, wenn du genannt wirst.

Grammatik

Mémento pp. 129, 131

1 L'expression de l'appartenance

- à l'aide de la préposition *von* :
  Sebastian ist der Freund **von** Daniel.
- avec le génitif saxon :
  Sebastian ist **Daniels** Freund.
- à l'aide d'un déterminant possessif :
  Sebastian ist **sein** Freund.

Possesseur	Déterminant possessif
ich	**mein** Onkel
du	**dein** Onkel
er / es	**sein** Onkel
sie	**ihr** Onkel

Le déterminant possessif prend les mêmes terminaisons que l'article indéfini : ***meine** Tante* (féminin), ***ihr** Kind* (neutre).

2 Les questions globales (*Ja / Nein-Fragen*)

On répond à une question globale par *ja* ou *nein*.
Le verbe conjugué est en première position.

<u>**Bist**</u> du der Cousin von Daniel?
①
– Nein. Ich bin ein Freund.

1 Abdel et Lucia parlent de leurs familles. Indique dans les énoncés suivants si l'on parle de la famille d'Abdel ou de celle de Lucia.

a. Ihre Tante lebt in Berlin.
b. Sein Cousin ist Pilot.
c. Seine Großmutter wohnt in Marokko.
d. Ihr Vater kommt aus Italien.
e. Seine Tochter ist elf Jahre alt.
f. Ihr Bruder arbeitet in München.

2 Réécris chaque énoncé de l'exercice 1 en exprimant l'appartenance par un génitif saxon.

3 Pose des questions sur Finn et sa famille à partir des éléments ci-dessous.

a. Familie Dietrich / aus Bayern / kommt
b. in Hannover / wohnt / Finn
c. Finns Bruder / Fabian / ist
d. Nicole / Mutter / seine / heißt
e. auch / 12 / ist / Fabian
f. Frau / Polizistin / arbeitet / als / Dietrich

Cahier d'activités p. 18

Vokabelfabrik

Cahier d'activités p. 18

1 Familie

- die Großeltern: die Großmutter, der Großvater
- die Eltern: die Mutter, der Vater
- die Kinder: die Tochter, der Sohn
- die Geschwister: die Schwester, der Bruder

2 Wörter verstehen – Wörter bilden

a. Recherche les équivalents allemands des mots ci-dessous.

– father	– mother
– grandfather	– uncle
– brother	– sister
– son	– daughter

b. Complète les formes manquantes.

• der Lehrer	die Lehrerin
• ◆◆◆	die Busfahrerin
• der Maler	◆◆◆
• ◆◆◆	die Köchin
• der Musiker	◆◆◆
• der Bäcker	◆◆◆

Fantastische Familien

Greif zu! p. 34

1 Rubinrot

Schau dir das Bild an. Was kannst du über das Mädchen sagen (Wohnort, Aussehen, Alter, Charakter)? Formuliere Hypothesen.

Beispiel: *Die Heldin ist vielleicht …*

Rubinrot, ein Film von Felix Fuchssteiner, mit Maria Ehrich und Jannis Niewöhner.

2 Kinoportal

a. Lies die drei Texte. Such Informationen über die drei Heldinnen.

b. Welcher Text passt zu dem Film „Rubinrot"? Warum?

c. Du bist Maria Ehrich. In einem Interview sprichst du von deiner Rolle im Film „Rubinrot".

Beispiel: *Im Film „Rubinrot" bin ich … Ich kann … Ich …*

Cahier d'activités p. 20

Kinoportal.de Filme, Kinos …

FILME · KINOPROGRAMM · NEWS · STARS · MEIN KINOPRTAL.DE

Hübsch, intelligent und super talentiert: Die neue Mitschülerin Katherine Hopkins ist perfekt, viel zu perfekt, um normal zu sein. Was ist ihr Geheimnis? Ist das blonde Mädchen ein Vampir? Kann Katherine vielleicht hexen oder unsichtbar werden? Die neugierige Victoria und ihr mysteriöser Bruder … [Mehr lesen >]

Eines Morgens steht Luisa Fürstenberg auf und sieht total anders aus: Sie ist nicht mehr so dick und hat jetzt rote Haare und grüne Augen. Das 15-jährige Mädchen kann auch schnell rennen und hat telepathische Kräfte. Doch kann sie diese neuen Talente kontrollieren? Können ihr Freund und ihre Eltern das akzeptieren? [Mehr lesen >]

Die hübsche Gwendolyn Shepherd sieht wie eine normale 16-jährige Teenagerin aus. Aber so normal ist sie nicht. Ihre Familie hat ein Geheimnis: Gwen kann durch die Zeit reisen. Eines Tages findet sie sich im 19. Jahrhundert wieder und kann Geister und Dämonen sehen. [Mehr lesen >]

Sprechtraining

[r] ou [ɐ]

MP3 PISTE 27

Cahier d'activités p. 21

3 Sims-Familien

MP3 PISTE 28

a. Hör zu. Notiere Informationen über den Sims von Ines und den Sims von Nico. Welches Bild passt zu dem Sims von Ines? Und von Nico?

b. Denk dir einen Sims aus. Stell ihn dann der Klasse vor.

Beispiel: *Mein Sims ist … / hat … / kann …*

Cahier d'activités p. 21

Vokabeln

- groß ≠ klein
- dick ≠ dünn
- rundlich ≠ schlank
- kurze Haare ≠ lange Haare
- blonde / schwarze Haare

4 Zwei Brüder verzaubern die Welt

a. Lies die Informationen.

b. Bildet zwei Gruppen. Spielt dann ein Interview zwischen einem Journalisten und den Ehrlich Brothers.

Beispiel: *Gruppe 1: Ihr seid die Ehrlich Brothers, aber wie heißt ihr wirklich?*
Gruppe 2: Wir …

c. Schreib einen kurzen Artikel über die Ehrlich Brothers.

Die Ehrlich Brothers: ein deutsches Showmagier-Duo
Namen: Andreas Reinelt alias Andreas Ehrlich
Christian Reinelt alias Chris Ehrlich
Wohnort: Bünde (bei Bielefeld)
Beruf: Magier – Illusionisten
Magisches Können:
1. mit einem Motorrad aus einem I-Pad fahren,
2. Schienen verbiegen,
3. eine Papierblume in eine Rose verwandeln.

Zwischenstation

Heldenkabinett

a. Denk dir einen Helden / eine Heldin aus.

b. Fünf Schüler stellen der Klasse ihren Helden / ihre Heldin vor.

Beispiel: *Mein(e) Held(in) sieht … aus.*
Er / Sie ist … Er / Sie kann …

Cahier d'activités p. 21

Ich kann's

A1

- Je comprends la description de quelqu'un.
- Je sais parler du caractère et du physique de quelqu'un.
- Je peux parler de ce que quelqu'un sait faire.

Schnelltest • Cahier d'activités p. 24

S2 Greif zu!

Aussehen und Persönlichkeit

1 „Vater und Sohn“

MP3 PISTE 29

a. Hör zu und sprich nach.

b. Ein Schüler mimt eine Charaktereigenschaft. Die Klasse sagt, welche Charaktereigenschaft das ist.

Beispiel: *Du bist neugierig.*

faul

gemein

aktiv

sympathisch

arrogant

neugierig

romantisch

mutig

kontaktfreudig

kreativ

E. O. Plauen, *Vater und Sohn.*

2 Wie sieht er aus?

a. Lies beide SMS.

b. Schau dir die Bilder an.
Wer ist Sven? Und Tim? Und Elias?

c. Beschreibe Elias.

Beispiel: *Elias sieht … aus.*
Er ist … Er hat …

Cahier d'activités p. 22

Nachrichten | Sven Fischer | Bearbeiten

Bus kommt nicht. Spiel beginnt in 10 min
Mein Bruder wartet vor dem Stadion. Tim: klein, schlank, blond, braune Augen. Geht schon rein! Komme nach.
Elias
18:20

1

Neue Nachricht | Abbrechen

An: Tim

Sven wartet vor dem Stadion. Er ist groß + schlank, sieht sportlich aus. Lange braune Haare + braune Augen. Ge|

Senden

2

3

3 Die kleine Hexe

Schau dir das Buchcover an.
Wer ist diese Person?
Was kann sie?

Vokabeln

- hexen / zaubern
- auf einem Besen fliegen
- durch die Zeit reisen
- unsichtbar werden

S2 Sprache aktiv

Grammatik

Mémento pp. 130, 135

1 Le présent (pluriel)

spielen	zeichnen	sein
wir spiel**en**	wir zeichn**en**	wir sind
ihr spiel**t**	ihr zeichn**et**	ihr seid
sie spiel**en**	sie zeichn**en**	sie sind

2 Le verbe de modalité *können*

Le verbe *können* exprime une capacité (savoir faire quelque chose, être capable de).

Das Mädchen **kann** Geige spielen.

ich kann**Ø**	wir könn**en**
du kann**st**	ihr könn**t**
er / sie / es kann**Ø**	sie könn**en**

3 La négation du groupe verbal

Nicht se place devant ce que l'on souhaite nier.

- faul sein → **nicht** faul sein
- Das Mädchen ist **nicht** faul.

1 Conjugue les verbes entre parenthèses.

a. Meine Schwestern (heißen) Lilli und Marie.
b. Wir (finden) Marie Ehrich einfach klasse.
c. (reiten) ihr gern?
d. Meine Großeltern (sein) sehr kontaktfreudig.
e. (haben) ihr Geschwister?

2 Indique selon les profils ce que chacun sait faire. Utilise le verbe *können* et les groupes infinitifs ci-dessous.

Hits singen – klettern – Schlagzeug spielen – Videos machen – Leichtathletik machen – malen

a. Du bist kreativ: Du … **b.** Sie ist talentiert: Sie … **c.** Sie sind sportlich: Sie … **d.** Ihr seid musikalisch: Ihr …

3 Présente-toi à l'aide des éléments suivants. Utilise *nicht* si besoin.

sehr groß / blond / arrogant / diszipliniert / faul / sportlich sein ;
super schnell rennen / gut zeichnen können

Cahier d'activités p. 23

Vokabelfabrik

Cahier d'activités p. 23

1 Aussehen und Charakter

Aussehen

hübsch sein / sportlich *aus*sehen
klein / groß sein
dick / rundlich / schlank / dünn sein
kurze / lange / braune / rote Haare haben
blond sein
blaue / braune / grüne Augen haben

Charakter

diszipliniert	neugierig
intelligent	faul
kontaktfreudig	arrogant
mutig	gemein
romantisch	
sympathisch	

2 Von einer Sprache zur anderen

a. Compare. Quels sont les points communs et les différences entre les trois langues ?

- He is tall.	Er ist groß.	Il est grand.
- She is tall.	Sie ist groß.	Elle est grande.
- They are tall.	Sie sind groß.	Ils / Elles sont grand(e)s.

b. Trouve les équivalents allemands de ces énoncés. Quels sont les points communs et les différences ?

- He can swim.
- They can ride a horse.
- I can't cook.
- My brother can dance, but he can't sing.
- Can you play the flute?
- She can run very fast.

Gruppenpuzzle

Die Bachs – eine Musikerfamilie

IN GRUPPEN

a. Bildet vier Gruppen. Jede Gruppe befasst sich mit einem Beitrag.

b. Bildet dann neue Gruppen und tauscht die Informationen aus.

c. Erstellt den Stammbaum der Familie Bach.

d. Denkt euch Fragen für ein Quizspiel zum Thema „Die Bachs – eine berühmte deutsche Familie“ aus.

Der Bach-Clan

Classe

a. Hört den Dialog an. Wer sind die Personen?

b. Notiert weitere Informationen über die Familienmitglieder.

Veit Bach

Wilhelm Friedemann Bach

C. P. E. Bach

Johann Sebastian Bach

Johann Ambrosius Bach

VIDEO

Johann Sebastian Bach

Schaut euch das Video an. Notiert Informationen über Johann Sebastian Bachs Familie. Benutzt die Karte.

Idee und Bilder: BachOnBach.com

Vokabeln

- zur Welt kommen *naître*
- lernen *apprendre*
- heiraten *épouser*
- sterben *mourir*

Frau Bach

a. Schaut euch das Bild an und stellt Hypothesen über Frau Bach auf.

b. Lest den Text. Wer ist Frau Bach?

22:05 3sat

ANNA MAGDALENA BACH, EINE BIOGRAFIE

Doku / Deutschland / 2015 / 62 Minuten

Anna Magdalena Bach ist die zweite Frau Johann Sebastian Bachs und die Mutter von sieben Töchtern und sechs Söhnen. Doch sie ist nicht nur die Ehefrau eines genialen Barockmusikers, sondern auch seine Inspiration und musikalische Kritikerin: Als Sopranistin singt sie die Melodien von ihrem Mann und hilft ihm beim Kopieren vieler seiner Kompositionen.

Der Hamburger Bach

a. Schaut euch das Plakat an und lest den Steckbrief.

b. Schreibt einen kurzen Artikel über C. P. E. Bach.

Name: Carl Philipp Emanuel Bach

Lebenszeit: 1714 in Weimar – 1788 in Hamburg

Eltern: Johann Sebastian Bach – Maria Barbara Bach

Geschwister: 19 (zehn Brüder und neun Schwestern)

Ehefrau: Johanna Maria Dannemann

Kinder: Johann Adam (Jurist) – Anna Carolina Philippina – Johann Sebastian (Maler)

Instrumente: Orgel – Klavier – Cembalo

Karriere:

- Komponist und Konzertcembalist bei König Friedrich II. in Berlin und Potsdam
- Musikdirektor am Gymnasium Johanneum in Hamburg

Lernen zu lernen

Hörstrategien entwickeln

A) COMPRENDRE UN ENREGISTREMENT AUDIO

1 Regarde l'activité 2 page 29. De quelles informations disposes-tu avant l'écoute ? Peux-tu en déduire de quoi il va être question dans l'enregistrement ?

TIPP Avant l'écoute, observe tous les éléments qui peuvent fournir des informations sur le contenu : titre, illustrations, légendes… Tu auras ainsi une idée de ce que tu vas entendre.

MP3 PISTE 23

2 Écoute le début du dialogue. Qu'est-ce qui te permet de comprendre qu'il s'agit d'une émission télévisée ? Devine de quoi l'on va parler au début de cette émission.

TIPP Pendant la première écoute, concentre-toi sur les indices qui peuvent te renseigner sur le lieu (bruits de fond…), les personnages (nombre de voix…), leurs sentiments (intonations…).

MP3 PISTE 23

3 Écoute l'ensemble du dialogue et concentre-toi sur les personnes dont il est question. Repère :
- celles qui parlent ;
- celles dont on parle.

Cahier d'activités p. 25

TIPP Essaie ensuite de repérer les mots-clés qui te permettent d'obtenir des informations.

MP3 PISTE 23

4 Écoute une nouvelle fois le dialogue. Note les mots importants qui apportent des informations sur ces différentes personnes. Attribue à chaque personne les informations qui les concernent.

Cahier d'activités p. 25

TIPP Pour t'entraîner, réécoute les documents audio travaillés en classe et exerce-toi à retrouver dans l'enregistrement toutes les informations que vous avez rassemblées en cours.

B) ATELIER « HÖRSPIEL »

On comprend toujours plus qu'on ne le pensait au départ. Tu vas pouvoir le vérifier en écoutant le début de ce récit pour enfants, très connu en Allemagne.

5 **a.** Observe la jaquette du CD : de quoi va-t-il être question à ton avis ? Peux-tu en déduire qui est Hui Buh et ce que signifie *Schlossgespenst* ?

MP3 PISTE 30

b. Écoute une première fois l'enregistrement : que t'apprennent les bruits que l'on entend ? Combien de voix distingues-tu ? Qui parle ?

c. Réécoute l'extrait. Même si tu ne comprends pas tous les détails, certains mots vont t'aider à repérer de quoi il est question. Quels sont les mots que tu reconnais ?

Cahier d'activités p. 25

Familienbild

Parcours artistique

1 Schau dir das Bild an.

a. Beschreibe die vier Personen (Aussehen, Charakter).

b. Formuliere Hypothesen über Franz von Lenbach und seine Familie.

Franz von Lenbach, 1903

2 Lies die Biografie über Franz von Lenbach. Stimmen deine Hypothesen?

Franz von Lenbach
deutscher Maler (1836 – 1904)

Leben: Mit seiner ersten Frau Magdalena hat er eine Tochter, Marion. Er malt oft Bilder von dem blonden Mädchen. Die Ehe mit Magdalena ist aber nicht harmonisch. 1896 heiratet Lenbach Charlotte von Hornstein. Franz und Charlotte bekommen 1899 eine Tochter namens Gabriele.

Die künstlerische Karriere: 1860 arbeitet Lenbach als Professor an der Kunsthochschule in Weimar. Bekannt wird er vor allem als Porträtist.

Vokabeln

- die Farben *les couleurs*
- das Gemälde *le tableau*

3 „Sprechendes Bild“: Jeder Schüler spielt ein Familienmitglied und stellt sich vor.

SPIEL DEN MUSEUMSFÜHRER!

Such dir ein Gemälde mit einer Familie aus und stell die Personen der Klasse vor.

Unser Projekt

Beim Familien-Selfie-Wettbewerb mitmachen

Etappe 1

a. Bildet 5er-Gruppen und denkt euch einen Familiennamen aus. Wie heißt ihr?
b. Wer ist wer (Vater, Oma, Sohn, Cousin ...)?
c. Definiert auch für jedes Familienmitglied Aussehen, Charakter und Aktivitäten.

TICE

Etappe 2

a. Macht nun das Familien-Selfie.
b. Achtet dabei auf die Perspektive, die Accessoires und die Pose (Mimik, Gestik).
c. Benutzt ein Tablet oder ein Smartphone.

Etappe 3

Jede Gruppe präsentiert ihr Familien-Selfie der Klasse. Die anderen Schüler können Fragen stellen.

Mon bilan de compétences

Éléments du Socle commun	Programme du cycle 4	Connaissances et compétences
1 Communiquer à l'oral et à l'écrit dans une langue étrangère	Compétences langagières A1	▶ Isoler des informations simples dans un message : comprendre quelqu'un qui présente sa famille. ▶ Isoler des informations simples dans un court texte narratif : comprendre la description physique et morale de quelqu'un. ▶ Demander et donner des informations (identité, membres de la famille). ▶ Présenter ou décrire : décrire des personnages, parler de ce qu'ils savent faire. ▶ Produire des énoncés simples pour présenter une personne.
2 Apprendre à apprendre		• Développer des stratégies de compréhension de l'oral.
5 S'ouvrir à la diversité des modes de vie et des cultures	Compétences culturelles	• La famille Bach.
5 Découvrir des expressions artistiques, des œuvres		Parcours artistique • Un autoportrait de Franz von Lenbach avec sa famille.

KAPITEL 3

Von morgens bis abends

Je vais apprendre à…

- comprendre quelqu'un qui décrit sa journée.
- compter jusqu'à 100.
- indiquer l'heure.
- situer un événement dans la journée ou la semaine.
- parler de mon emploi du temps.
- définir mon profil d'apprentissage.

Je vais découvrir…

- le système éducatif allemand.
- la fonction du délégué de classe en Allemagne

Unser Projekt

Réaliser un petit film sur une journée d'école

Alles nach Plan

Greif zu! p. 44

1 Julians elektronischer Terminplaner

MP3 PISTE 31

a. Hör zu.

b. Du bist Julian. Wann machst du was?

Beispiel: *Ich stehe um sechs Uhr fünf auf.*

Cahier d'activités p. 26

2 Schule auf dem Schiff

Lies Philipps Blog. Was macht er an diesem Tag?

Beispiel: *Er wacht um … auf.*
Um 11 Uhr 30 …

Cahier d'activités p. 26

Schule auf dem Schiff

Aktuelles | Download | Interner Bereich | Kontakt

Willkommen | Das Schiff | Das Klassenzimmer | Die Regeln an Bord | Blog | Über uns

Autor: Philipp

Datum: Sonntag, der 15.05
Mittagsposition: 50° 25,6′N; 001° 15,6′ W
Lufttemperatur: 16,5° C
Wassertemperatur: 12,5° C

Ahoi!

Es ist 05:45 Uhr und das Schiff – unsere Schule – fährt los. Ich wache auf.
Um 06:30 Uhr kontrolliere ich die Temperatur im Maschinenraum.
30 Minuten später Frühstück. Ich dusche.
Um 11:30 Uhr treffe ich den Lehrer-Kapitän, Herrn Eder.
Dann ist Zeit fürs Mittagessen, ich esse Fisch mit Pommes.
Heute habe ich keine Schule, aber ich mache meine Hausaufgaben.
Es ist 16:20 Uhr: Ich rufe Ben über WhatsApp an, mein neues Tablet ist super.
Um 22 Uhr ist mein Tag zu Ende. Ich schlafe gleich in der Kabine ein.

Veröffentlicht in Tagebuch

Vokabeln

- 06:00 – Es ist sechs Uhr.
- 17:30 – Es ist siebzehn Uhr dreißig.
- 21:45 – Es ist einundzwanzig Uhr fünfundvierzig.

Sprechtraining

[ɪ] ou [iː]

Cahier d'activités p. 27

MP3 PISTE 32

3 Mama sagt, wo es lang geht!

a. Lies Sofias WhatsApp-Nachrichten. Was macht sie wann?
b. Vergleiche mit dem Erinnerungsplan.
Beispiel: *Heute steht Sofia nicht um … auf. Sie …*

Cahier d'activités p. 27

Erinnerungsplan (Dienstag)

Sofia

6.30 Uhr – aufstehen
Bitte frühstücken!! Toastbrot mit Marmelade
Rucksack packen: alle Hefte und Bücher?
Pausenbrot für die Schule nicht vergessen!
Hausaufgaben: 1 Seite auf Französisch schreiben
18 Uhr: Oma anrufen
bis höchstens 21 Uhr chatten
(Smartphone / Tablet / Laptop ausschalten)

Zwischenstation

Sein / ihr Schultag

a. Bildet Gruppen. Wählt einen Schüler / eine Schülerin und denkt euch seinen / ihren Schultag aus.
b. Die Klasse stellt Fragen.

Ich kann's

A1

- Je comprends et sais indiquer l'heure.
- Je sais décrire les activités de la journée.
- Je peux utiliser les nombres jusqu'à 100.

Schnelltest • Cahier d'activités p. 30

S1 Greif zu! Uhrzeiten

1 Die Uhr tickt

MP3 PISTE 33

a. Ordne die digitale Uhrzeit dem passenden Satz zu.
b. Hör jetzt sechs verschiedene Situationen. Notiere zu jeder Situation die passende Uhrzeit.

Cahier d'activités p. 28

- Es ist sechzehn Uhr zwanzig.
- Es ist siebzehn Uhr sechsunddreißig.
- Es ist neun Uhr.
- Es ist fünfzehn Uhr achtundfünfzig.
- Es ist sieben Uhr vier.
- Es ist zwanzig Uhr fünfzehn.

A 20:15 B 15:58 C 17:36 D 07:04 E 09:00 F 16:20

Vokabeln

MP3 PISTE 34

Zahlen (2)

20 zwanzig	**25** fünfundzwanzig
21 einundzwanzig	**26** sechsundzwanzig
22 zweiundzwanzig	**27** siebenundzwanzig
23 dreiundzwanzig	**28** achtundzwanzig
24 vierundzwanzig	**29** neunundzwanzig

2 Tagaus, tagein

MP3 PISTE 35

a. Schau dir die Bilder an.
b. Hör zu. Welcher Satz passt zu welchem Bild?

Cahier d'activités p. 28

- 07:00 Sie steht auf.
- 16:00 Sie macht Hausaufgaben.
- 07:20 Sie frühstückt.
- 20:00 Sie sieht fern.
- 07:45 Sie fährt zur Schule.
- 18:30 Sie isst zu Abend.

S1 Sprache aktiv

Grammatik

Mémento pp. 129, 135

1 Les verbes forts au présent

Au présent, la voyelle du radical de certains verbes forts change à la 2e et 3e personne du singulier. Au pluriel, la conjugaison est régulière.

fahren	**treffen**	**sehen**
(a → ä)	(e → i)	(e → ie)
ich fahr**e**	ich treff**e**	ich seh**e**
du f**ä**hr**st**	du tr**i**ff**st**	du s**ie**h**st**
er/sie f**ä**hr**t**	er/sie tr**i**ff**t**	er/sie s**ie**h**t**

2 Les verbes à préverbe séparable

Certains verbes sont précédés à l'infinitif d'un préverbe accentué qui précise leur sens. Quand le verbe est conjugué en 1re ou en 2e place dans la phrase, il se détache du préverbe qui conserve sa place en fin de phrase.

*fern*sehen

Julian **sieht** heute Abend nicht ***fern***.

1 Conjugue le verbe entre parenthèses à la forme voulue.

a. „Sofia, (schlafen) du noch? Es ist spät. Die Schule (fangen) um 8 Uhr an!"
b. Melina (fahren) mit dem Bus zur Schule.
c. Zu Mittag (geben) es Fisch mit Pommes. Das (gefallen) Julian.
d. Am Nachmittag (treffen) Julian seine Freunde und sie (fahren) mit dem Fahrrad zum Fußballtraining. Julian (tragen) die Nummer 8.
e. Ihr (sehen) müde aus.

2 Raconte la journée de Melanie en utilisant les groupes infinitifs ci-dessous.

um 7 Uhr *auf*stehen / müde *aus*sehen / ihr Handy *mit*nehmen / eine Freundin *an*rufen / die Hausaufgaben *auf*schreiben / ihr Handy in der Schule vergessen / die Hausaufgaben machen / nach dem Abendessen *fern*sehen und Mangas lesen / um 22 Uhr *ein*schlafen

Cahier d'activités p. 29

Vokabelfabrik

Cahier d'activités p. 29

1 Mein Tag

heute Morgen	**heute Mittag**	**heute Nachmittag**	**heute Abend**
*auf*wachen	zu Mittag essen	Hausaufgaben machen	zu Abend essen
*auf*stehen	zu Hause / in der Mensa essen	Freunde treffen	*fern*sehen
frühstücken		Sport treiben	im Internet surfen
duschen			schlafen gehen
zur Schule gehen			*ein*schlafen

2 Von einer Sprache zur anderen

a. Compare les dizaines en allemand et en anglais.

Allemand		Anglais	
zwanzig	sechzig	twenty	sixty
dreißig	siebzig	thirty	seventy
vierzig	achtzig	forty	eighty
fünfzig	neunzig	fifty	ninety

b. Compare la formation des nombres de 21 à 30 en allemand, anglais et français. Qu'observes-tu ?

Allemand	Anglais	Français
einundvierzig	forty-one	quarante-et-un
zweiundvierzig	forty-two	quarante-deux
…		

Station 2 Rund um die Schule

Greif zu! p. 48

1 Am Kunstgymnasium

MP3 PISTE 36

a. Schau dir Bens Stundenplan an. Wann ist der 1. Block? Wann hat er Pause?
Beispiel: *Der erste Block ist von … bis … Uhr.*

b. Welche Fächer hat er am Vormittag? Und am Nachmittag?
Beispiel: *Am Vormittag hat er …*

c. Hör zu und notiere Informationen über Bens Stundenplan. Was ist neu für Ben?

Cahier d'activités p. 31

E-Mail | Kalender | Kontakte | Aufgaben

11. April - 17. April

	Uhrzeit	Montag 11. April	Dienstag 12. April	Mittwoch 13. April	Donnerstag 14. April	Freitag 15. April
1. Block	8.00-8.45	Deutsch	Mathematik	Englisch	Deutsch	Religion/Ethik
	8.45-9.30				Mathematik	Musik
	9.30-10.00	Pause				
2. Block	10.00-10.45	Klassenstunde	Freie Arbeit	Freie Arbeit	Sport	Biologie
	10.45-11.30	Religion/Ethik	Französisch	Physik		Französisch
		Pause				
3. Block	11.40-12.25	Mathematik	Erdkunde	Geschichte	Freie Arbeit	Kunst
	12.25-13.10	Englisch	Biologie	Erdkunde	Geschichte	Sport
	13.10-14.10	Mittagspause				
4. Block	14.10-14.55	Kunst	Kunst	Kunst	Französisch	
	14.55-15.40	Freie Arbeit	Freie Arbeit		Musik-AG	

Sprechtraining

[ts] et [z]

Cahier d'activités p. 32

MP3 PISTE 37

2 Wie schrecklich!

MP3 PISTE 38 VIDEO

a. Schau dir das Video an. Was machen Felix und Mila?

b. Was sagen sie über Fächer und Lehrer?

c. Und du? Welche Fächer findest du gut, welche nicht?

Beispiel: *Biologie finde ich …*
Ich finde Physik …

Cahier d'activités p. 32

3 Wer hat heute Klassendienst?

a. Lies den Klassendienstplan der Klasse 8a. Du bist der Klassensprecher. Lies den Plan für Montag vor.

Beispiel: *Mirko, du wischst die Tafel ab.*

b. Schreib einen Klassendienstplan für deine Klasse.

Cahier d'activités p. 32

2. Woche — **Klassendienst** — 8a

Name	Montag	Dienstag	Mittwoch	Donnerstag	Freitag
Mirko	Tafel abwischen	Fenster schließen	Müll trennen	Stühle hochstellen	Computer ausschalten
Jule	Computer ausschalten	Tafel abwischen	Fenster schließen	Müll trennen	Stühle hochstellen
Meike	Stühle hochstellen	Computer ausschalten	Tafel abwischen	Fenster schließen	Müll trennen
Sergeij	Müll trennen	Stühle hochstellen	Computer ausschalten	Tafel abwischen	Fenster schließen
Eva	Fenster schließen	Müll trennen	Stühle hochstellen	Computer ausschalten	Tafel abwischen

Wer macht was?

- Tafel *ab*wischen
- Fenster schließen
- Müll trennen
- Stühle *hoch*stellen
- Computer *aus*schalten

Zwischenstation

Der ideale Stundenplan

a. Schreib deinen idealen Stundenplan. Beachte folgende Details:
- der Unterricht geht von 8 Uhr bis 15 Uhr 40,
- du hast jeden Tag eine Stunde „Freie Arbeit",
- du hast drei Pausen pro Tag.

b. Präsentiere deinen Stundenplan der Klasse.

Ich kann's A1

- Je peux situer une activité dans la journée ou la semaine.
- Je comprends et sais décrire un emploi du temps.
- Je peux donner un avis sur une activité.

Schnelltest • Cahier d'activités p. 35

S2 Greif zu! Wochentage

1 Meine Woche hat sieben Tage

MP3 PISTE 39

a. Lies das Gedicht und ordne die drei Bilder dem jeweils passenden Tag zu.

b. Hör dir das Gedicht an und sprich es nach.

c. Stell die Woche vor.

Beispiel: *Montag ist der erste Tag.*

Cahier d'activités p. 33

Meine Woche hat sieben Tage

Meine Woche hat sieben Tage.
Meine auch, keine Frage.
Ich habe den Montag auf Platz Nummer eins.
Ich auch! Der Mond scheint und das ist etwas Fein's.
Dann kommt der Dienstag auf Platz Nummer zwei.
Da habe ich Dienst, da hab' ich nicht frei.
Der Mittwoch, der steht in der Mitte.
Für mich ist der Mittwoch der Dritte.
Auf Platz Nummer vier ist der Donnerstag.
Hör zu, da donnert's den ganzen Tag.
Der Fünfte ist Freitag. Da hast du frei.
Das ist nicht wahr. Ich habe nicht frei.
Auf Platz Nummer sechs ist der Samstag.
Ein Tag ohne Schule! Ich mach, was ich mag.
Ich hab' den Sonntag auf Platz Nummer sieben.
Da scheint die Sonne, die alle lieben.
Deine Woche hat sieben Tage.
Deine auch, keine Frage.

Vokabeln

- der erste
- der zweite
- der dritte
- der vierte
- der fünfte
- der sechste
- der siebte
- der achte
- der neunte
- der zehnte

2 Wie findest du ...?

MP3 PISTE 40

a. Hör zu und assoziiere die Adjektive mit den Daumen.

b. Was meinst du?

Beispiel: *Mathe ist ... / Mathe finde ich ...*

Cahier d'activités p. 33

wunderbar | schrecklich | toll | okay | super | doof | interessant | langweilig

Mathe
Musik
Sport
Englisch
Biologie
Schule
Hausaufgaben
die große Pause
um 6 Uhr aufstehen
fernsehen
im Internet surfen
Sonntag
Montag

S2 Sprache aktiv

Grammatik

Mémento p. 129

1 Les compléments de temps

am Dienstag → jour	**um** 8 Uhr → heure
am Nachmittag → moment de la journée	**von** 11 Uhr 30 **bis** 11 Uhr 40 → durée

2 La place du verbe conjugué

Dans la phrase déclarative simple, le verbe conjugué est toujours placé en 2e position, immédiatement après un 1er groupe qui peut être sujet, complément circonstanciel ou même complément d'objet.

Geschichte (1) **findet** (2) Oliver super.

Von 8 Uhr 45 bis 9 Uhr 30 (1) **haben** (2) wir Deutsch.

1 Anna parle de sa semaine à une amie. Complète les groupes prépositionnels.

a. Morgen habe ich … 10 Uhr 45 Sport. Super!
b. … 8 Uhr … 9 Uhr 30 haben wir Physik. Das braucht doch keiner!
c. … Nachmittag habe ich Karate und … Abend mache ich meine Hausaufgaben.
d. … Samstagmorgen können wir dann Tennis spielen.

2 Ben explique son nouvel emploi du temps à un ami (voir p. 45). Réécris chaque phrase en la commençant par un complément choisi dans la liste suivante : *am Freitagnachmittag – morgens – von 9 Uhr 30 bis 10 Uhr – am Freitag um zehn Uhr – in der Mittagspause*

a. Wir essen in der Mensa. **b.** Wir haben keine Schule. **c.** Ich habe meine erste Pause. **d.** Der Unterricht ist im Block. **e.** Wir haben Biologie.

Cahier d'activités p. 34

Vokabelfabrik

Cahier d'activités p. 34

1 Tagaus, tagein

die Minute(n)
die Stunde(n)
der Tag(e)
die Nacht(¨e)

die Woche(n)
der Monat(e)
das Jahr(e)

am Morgen / Vormittag – morgens
zu Mittag – mittags
am Nachmittag – nachmittags
am Abend – abends

2 Von einer Sprache zur anderen

Divinités latines		Divinités germaniques
Jupiter	↔	Thor
Mars	↔	Tyr – Tiw
Mercure	↔	Woden – Wotan
Saturne		
Venus	↔	Freya

der Donner	the thunder
der Mond	the moon
die Sonne	the sun

Nom des jours en latin

Lunæ dies
Martis dies
Mercurii dies
Jovis dies
Veneris dies
Sambati/Saturni dies
Dominica dies

a. Compare les noms de jours en latin, français, allemand et anglais.
b. Quels sont ceux qui sont formés à partir d'un nom latin (divinité, astre ou planète), d'un nom d'origine germanique ? Et quels sont ceux qui ont une autre signification ?

Gruppenpuzzle

Verschiedene Schulformen

IN GRUPPEN

a. Bildet Gruppen.

b. Jede Gruppe bearbeitet nacheinander alle Stationen.

c. Zum Schluss sagt jede Gruppe, welche Elemente sie bei den verschiedenen Schulformen gut findet und präsentiert dann ihre ideale Schulform.

Das deutsche Schulsystem

Alter	Schularten			Klasse
19			Abitur	13
18			Fachabitur	12
17				11
16		Mittlere Reife		10
15	Hauptschulabschluss			9
14	Hauptschule	Realschule	Gymnasium	8
13				7
12				6
11	Orientierungsstufe			5
10				4
9				3
8	Grundschule			2
6 oder 7				1

Hauptschule

Lest, was Klara und Lea sagen.

Praktikum bei Zeiss

Hallo, wir heißen Klara und Lea. Wir gehen in die Hauptschule und sind in der 8. Klasse. Neben den normalen Fächern wie Mathe, Deutsch oder Englisch gibt es spezielle Kurse.
Ab der 8. Klasse machen wir ein Praktikum in einem Betrieb.

Realschule

Classe

Schaut euch das Bild an und hört euch das Interview von Maxim an.

Hi. Mein Name ist Maxim. Ich bin auf der Otto-Hahn-Realschule in Mülheim. Meine Schule finde ich toll. Hier sind alle Schüler gleich.

Gymnasium

Classe

Hört euch das Interview von Tine an.

Guten Tag, ich bin Tine. Ich bin jetzt auf dem Charlotte-Paulsen-Gymnasium. Ich lerne viel und schreibe immer wieder Klassenarbeiten.

Gemeinschaftsschule (Althengstett)

VIDEO

a. Schaut euch das Video an und notiert Informationen über diese Schule.

b. Ist es eine Realschule, ein Gymnasium, eine Hauptschule?

c. Gibt es diese Schulform auch in anderen Ländern?

Informationsfilm Gemeinschaftsschule Althengstett, 2015

Waldorfschule

a. Lest die Webseite.

b. Was ist an der Waldorfschule anders als an den üblichen Schulen?

http://www.waldorfschule-muenster.de/organisation/index.php

Freie Waldorfschule in Münster

Pädagogik | Organisation | Aktivitäten | Service | Impressum | Kontakt

- Kurze Geschichte der Schule
- Schulstruktur
- Ansprechpartner
- Lehrerkollegium
- Eltern
- Aufnahme
- Schülerspezialverkehr
- Arbeitskreise
- "Brieftaube" unsere Schulzeitung
- Ehemalige

Ab der 1. Klasse lernen alle Kinder ein Musikinstrument und können im Schulorchester mitmachen.
Sie lernen auch zwei Fremdsprachen, Englisch und Russisch. In der 9. Klasse kann man mit Französisch anfangen. Sie haben dazu noch Handarbeit, Gartenbau, künstlerisches Gestalten, Holz- und Metallarbeit
Tanz und Rhythmik gehören auch zum Unterricht für alle bis zur 12. Klasse.
Jeden Tag in den ersten zwei Stunden hat jede Klasse Epochenunterricht mit ihrem Klassenlehrer. Da wird ein Thema aus einem Hauptfach (Mathematik, Deutsch, Geschichte ...) über 3-4 Wochen intensiv behandelt.
In der Waldorfschule gibt es keine Noten und kein Sitzenbleiben.

Waldorfschule-Infos
1919 gründet Rudolf Steiner die 1. Waldorfschule in Stuttgart.
2015 gibt es **235** Waldorfschulen in Deutschland, **1063** in der Welt auf allen Kontinenten, **20** in Frankreich.

Unser Projekt

Eine Szene aus einem „deutschen Schultag" filmen

Etappe 1

a. Bildet 4er-Gruppen und denkt euch eine deutsche Schule aus (Schultyp, Stundenplan, freie Zeit, Fächer ...).
b. Überlegt euch dazu eine kurze Szene in 4 Teilen.

Etappe 2

a. Macht in einem Storyboard Notizen zu jeder Teilszene.
b. Schreibt die Dialoge.
c. Malt auch Skizzen und sucht eine bestimmte Musik und Geräusche aus (Ton).

TICE

Etappe 3

a. Filmt die verschiedenen Teilszenen.
b. Bearbeitet sie dann mit einem Video-Editor.

Skizze	
Ort	SCHULHOF
Ton	Es klingelt.
Regieanweisung	Zwei Schüler, Marco und Sophie, rennen über den Schulhof.
Dialog	**Marco:** Oh, es ist schon spät! Was haben wir in der 1. Stunde? **Sophie:** Musik bei Frau Bockart. **Marco:** Ah, nicht so schlimm, die ist nett, komm!

Mon bilan de compétences

Éléments du Socle commun	Programme du cycle 4	Connaissances et compétences
1 Communiquer à l'oral et à l'écrit dans une langue étrangère	Compétences langagières A1	▶ Comprendre les points essentiels d'un message : activités, indications horaires. ▶ Relever des informations ciblées dans un document informatif : horaires, emploi du temps. ▶ Poser des questions sur un horaire et un emploi du temps et y répondre. ▶ Présenter ou décrire : décrire ses activités, donner un avis. ▶ Écrire un message simple : tâches à effectuer, emploi du temps.
2 Apprendre à apprendre		• Développer des stratégies d'apprentissage en fonction de son profil personnel.
5 S'ouvrir à la diversité des modes de vie et des cultures	Compétences culturelles	• Découvrir différents types d'école en Allemagne. Parcours citoyen • Comparer la fonction du délégué de classe en France et en Allemagne.

KAPITEL 4

Kleider machen Leute

Je vais apprendre à...

- comprendre quelqu'un qui décrit sa tenue vestimentaire.
- donner mon avis sur une tenue ou un objet.
- exprimer un souhait, une volonté.
- dire ce que j'aime ou n'aime pas.
- comprendre et indiquer un prix.
- développer des stratégies pour mémoriser le vocabulaire.

Je vais découvrir...

- la Berlinale.
- quelques costumes traditionnels allemands.
- l'artiste Oskar Schlemmer.

Unser Projekt

Créer une page de magazine people

Station 1 Schick sein …

Greif zu! p. 58

1 Eine Einladung

a. Lies die Mail. Such Informationen über das Event.

b. Mila und Felix beantworten die Fragen der Einladung. Schreib die Mail.

Cahier d'activités p. 37

Von: Amandine
An: milaundfelix@t-online.de
Betreff: Berlinale

Liebe Mila, lieber Felix,

herzlichen Glückwunsch und willkommen in Berlin bei der Berlinale!!!
Ihr seid in der internationalen Jury, Sektion „Generation".
Ihr wollt sicher immer noch mitmachen. Dann brauchen wir ein paar Informationen: Das Festival dauert zehn Tage. Braucht ihr eine Hotel-Reservierung? Möchtet ihr auch einen Chauffeur?
Das Filmfestival ist ein sehr glamouröses Ereignis: Abendgarderobe erforderlich! Aber das ist kein Problem. Möchtet ihr einen Modeberater?

Wir freuen uns sehr auf euch!
Mit freundlichen Grüßen
Anja vom Berlinale-Team

2 Abendgarderobe erforderlich!

PISTE 41

VIDEO

a. Schau dir das Video an.
Welche Kleidungsstücke haben Mila und Felix? Was haben sie nicht?

Beispiel: *Mila hat ein / einen / eine …, aber sie hat keinen / keine / kein …*

b. Was möchten sie für das Festival anziehen? Warum?

c. Du bist zur Berlinale eingeladen. Was ziehst du an?

Cahier d'activités p. 37

Vokabeln

PISTE 7

Sprechtraining

PISTE 42

« h » en début de mot : [h]

Cahier d'activités p. 38

3 Promi-Looks

a. Schau dir die Bilder an und lies die Texte. Was passt zusammen?

b. Und du? Wie findest du die Promi-Looks?

Beispiel: *Ich finde … elegant. / Er trägt kein Hemd, schade.*

Cahier d'activités p. 38

Was tragen Sänger? Sie möchten die typischen Accessoires: eine Sonnenbrille und eine dicke Halskette. Diese Kombination wirkt echt stylisch. **1**

Er trägt heute keine Jogginghose und keine Turnschuhe. Nein! Er trägt einen Schal und ein klassisches T-Shirt. Sein Look ist total cool und lässig. **2**

Schick für das Festival? Er will elegant sein und er schafft es! Der Sakko ist toll und die Hose auch. Er braucht keine Accessoires: Er sieht auch so klasse aus! **3**

Zwischenstation

Unsere ideale Schuluniform

a. Macht eine Liste mit Kleidungsstücken und Accessoires.

b. Bildet Gruppen. Was möchtet ihr tragen? Was wollt ihr nicht tragen?

c. Jede Gruppe stellt die ideale Schuluniform der Klasse vor. Wählt die beste aus.

Ich kann's

A1+

- Je comprends la description d'une tenue vestimentaire.
- Je peux décrire la tenue de quelqu'un.
- Je peux dire ce qu'une personne possède ou ne possède pas.
- Je sais exprimer un souhait.

Schnelltest • Cahier d'activités p. 41

Stil und Kleidung

1 Ein cooler Look

Wie findest du den Look von diesen Jugendlichen?

Beispiel: *Den Look von Person Nummer eins finde ich … / Sie trägt …*

Cahier d'activités p. 39

- sportlich
- klassisch / elegant
- lässig / cool
- stylisch

2 Die passende Garderobe

Assoziiere die Kleidungsstücke mit dem passenden Ort.

zu Hause	auf der Party	in der Schule

Cahier d'activités p. 39

die Jacke | die Jogginghose | die Turnschuhe (pl.) | die Strickjacke | der Schlafanzug | die Hausschuhe (pl.)

3 Requisiten und Kostüme

PISTE 43

a. Du hörst die Assistentin des Filmregisseurs. Sie listet auf, was sie für die nächste Szene braucht.

b. Schreib alles, was du hörst.

Grammatik

Mémento pp. 131, 132, 135

1 Le verbe de modalité *wollen*

Le verbe *wollen* exprime l'intention ou la volonté : Ich **will** neue Schuhe kaufen.

ich will**Ø**	wir woll**en**
du will**st**	ihr woll**t**
er/sie/es will**Ø**	sie woll**en**

Pour exprimer le souhait, on utilise *ich möchte* (j'aimerais, je voudrais).

2 Le complément d'objet à l'accusatif

Le complément d'objet d'un verbe transitif se met à l'accusatif. Il ne se différencie du groupe sujet qu'au masculin.

Ich nehme de**n** / eine**n** Pullover mit.

3 La négation du groupe nominal indéfini

Pour nier un groupe nominal indéfini, on utilise *kein* qui se décline comme *ein* et *mein*.

Ich habe **keinen** Blazer.

1 Complète par la forme du verbe *wollen* qui convient.

a. … du dieses Kleid mitnehmen? **b.** … ihr immer noch nach Berlin kommen? **c.** Mila … das Sommerkleid nicht tragen. **d.** Mila und Felix … schick sein.

2 Complète, si besoin, par la terminaison qui convient. Vérifie le genre des noms.

Auf der Berlinale kann Felix sein… Jeans nicht tragen. Er braucht also ein… Anzug, ein… Hemd und ein… Krawatte. D… alten Turnschuhe kann er auch nicht mitnehmen. Mila will ein… Abendkleid tragen, aber sie nimmt auch ein… Hose und ein… Bluse mit. Und sie braucht sicher ein… Mantel.

3 La costumière n'a pas compris la liste d'accessoires.

Brauchst du eine Kappe? (Hut) → Aber nein, ich brauche keine Kappe. Ich brauche einen Hut.

a. Brauchst du ein Kleid? (Rock) **b.** einen Pullover? (Sakko) **c.** ein Hemd? (Pullover) **d.** einen Mantel? (Jacke)

Cahier d'activités p. 40

Vokabelfabrik

Cahier d'activités p. 40

1 Kleidung und Stil

Kleidungsstücke

der Rock(¨-e)	das Hemd(en)	die Jacke(n)
das Kleid(er)	das T-Shirt(s)	der Mantel(¨-)
die Hose(n)	die Bluse(n)	die Schuhe (pl.)
die Jeans (pl.)	der Pulli(s)	der Schal(s)

Stil

elegant	sportlich
schick	lässig
stylisch	glamourös
klassisch	originell

2 Vom Wort zum Satz

a. Forme un maximum de groupes infinitifs en combinant les éléments ci-dessous. Sois attentif à la marque du groupe nominal.

Exemple : *einen Pullover mitnehmen*

ein Pullover — klasse — sportlich — ein Mantel — eine neue Bluse — ein elegantes Hemd — ein Anorak — ein Kleid — eine Hose

*aus*sehen — tragen — sein — *mit*nehmen — brauchen — *an*ziehen — kaufen

b. Rédige un petit texte en réutilisant les groupes que tu as formés.

Exemple : *Ich möchte … Ich brauche …*

Station 2 ... um jeden Preis?

Greif zu! p. 62

1 Online-Shop

a. Schau dir die Webseite und Lises Zettel an. Was mag Lise gern? Was möchte sie nicht bestellen?
b. Schreib einen Zettel und formuliere, was du magst und was du nicht magst.

Cahier d'activités p. 42

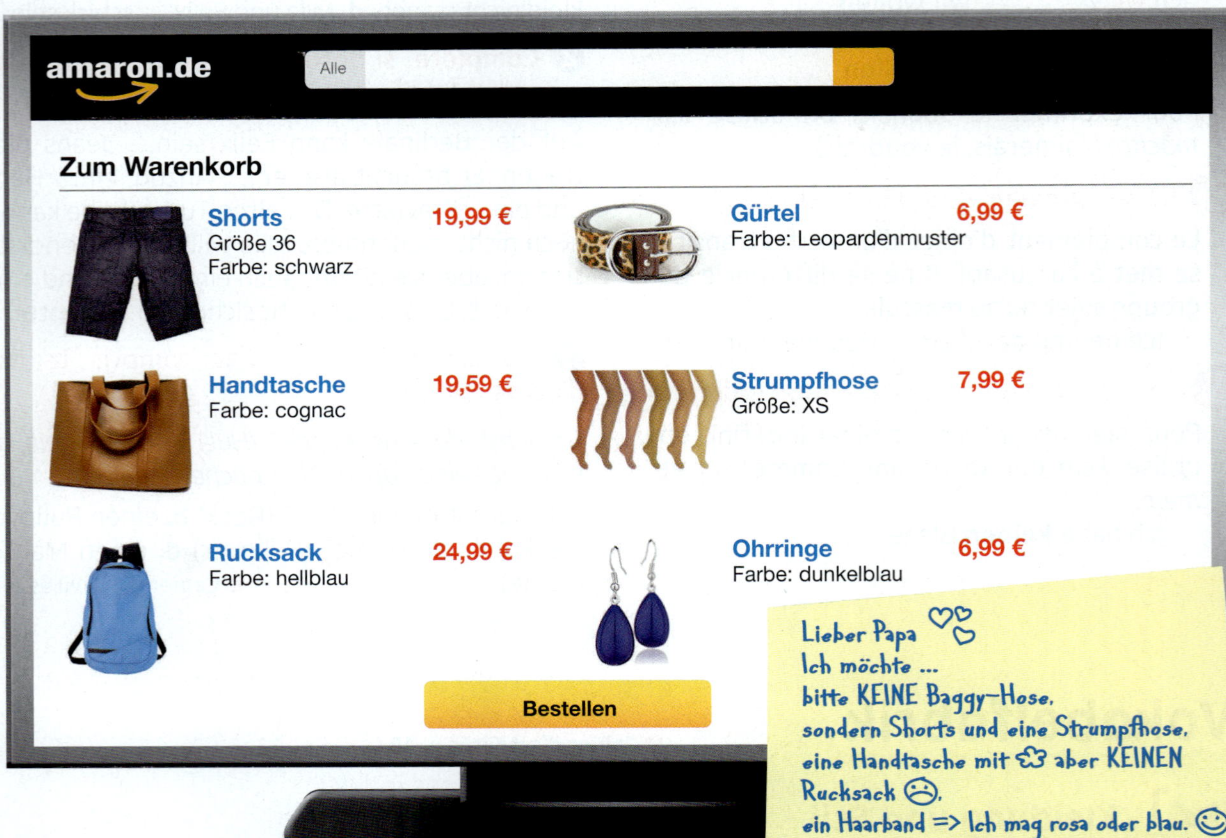

Lieber Papa
Ich möchte ...
bitte KEINE Baggy-Hose,
sondern Shorts und eine Strumpfhose,
eine Handtasche mit ✿ aber KEINEN
Rucksack ☹.
ein Haarband => Ich mag rosa oder blau. ☺
Dazu auch ein T-Shirt mit Streifen (nicht
kariert!! Du kennst mich ja: Ich hasse das!).
Danke danke Papa!!
Bussi bussi
Lise

2 Das Paket ist da!

MP3 PISTE 44

a. Hör dir den Dialog an.
Was gibt es für Lise?
Was gibt es für den Vater?

Beispiel: *Für Lise gibt es ...*

b. Achte auf Lises Reaktionen.
Wie findet sie die verschiedenen Artikel?

Cahier d'activités p. 42

Sprechtraining

Voyelles longues ou brèves

Cahier d'activités p. 43

MP3 PISTE 45

3 Auf dem Flohmarkt

MP3 PISTE 46

a. Hör dir den Dialog an. Was kauft Emilia auf dem Flohmarkt? Wie viel kosten die Sachen?

b. Bildet Gruppen. Schüler A und Schüler B wollen etwas kaufen. Schüler C ist der Verkäufer / die Verkäuferin. Spielt die Szene.

Cahier d'activités p. 43

Ein Flohmarkt in Berlin

Vokabeln

- das Parfüm
- der Nagellack — *le vernis à ongle*
- das Videospiel
- die DVD
- die Handyhülle — *la coque de portable*
- das Portemonnaie

Zwischenstation

50 Euro! Und jetzt?

a. Zu zweit: Ihr findet 50 Euro auf der Straße. Was könnt ihr damit machen?

b. Spielt den Dialog vor der Klasse.

Ich kann's

A1+

- Je comprends des indications de prix.
- Je sais exprimer mes goûts et donner mon avis.
- Je peux décrire des vêtements, des objets.

Schnelltest • Cahier d'activités p. 46

Modefreak

1 Das richtige Accessoire

MP3 PISTE 47

Hast du gute Reflexe? Hör zu und notiere die richtige Reihenfolge.

Beispiel: *Die Nummer 1 ist die Mütze.*

Cahier d'activités p. 44

2 Farben und Muster

Finde die richtige Kombination.

Beispiel: *blau + weiß = hellblau*

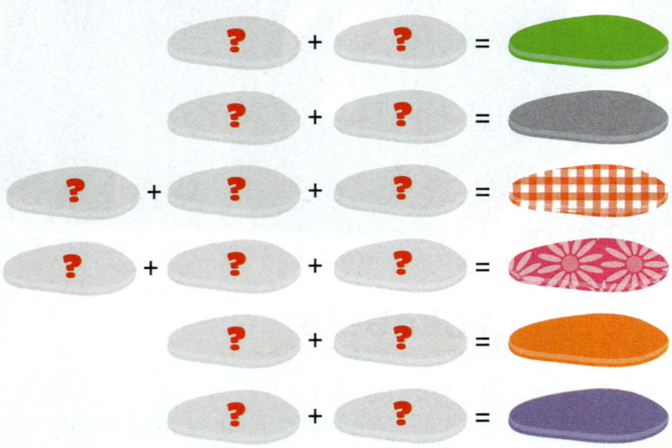

Cahier d'activités p. 44

Vokabeln

- violett
- hellblau
- schwarz
- dunkelgrün
- rosa
- kariert
- mit Leopardenmuster
- geblümt
- gestreift

3 An der Kasse

MP3 PISTE 48

a. Hör zu und notiere den richtigen Preis.

b. Wie viel kostet alles zusammen?

Cahier d'activités p. 44

Grammatik

Mémento pp. 133, 134, 135

1 Le verbe de modalité *mögen*

Le verbe *mögen* signifie « apprécier, aimer quelque chose ou quelqu'un ».

ich **mag**Ø	wir mög**en**
du **mag**st	ihr mög**t**
er/sie/es **mag**Ø	sie mög**en**

2 Les pronoms personnels à l'accusatif (singulier)

1re pers. : Möchtest du **mich** begleiten?
2e pers. : Ich mag **dich** gern.
3e pers. : le pronom prend la même marque que l'article défini (*-n*, *-e* ou *-s*).

Masculin :	de**n** Hut	→ **ihn**
Neutre :	da**s** Kleid	→ **es**
Féminin :	di**e** Uhr	→ **sie**

3 La préposition *für*

für (pour) est suivie de l'accusatif.
Ich suche ein Geschenk **für** mein**en** Vater.

1 Complète par la forme du verbe *mögen* qui convient.

a. Meine Großeltern … alte Sachen sehr.
b. Lise … die karierte Bluse nicht.
c. Felix, … du den langen Rock?
d. Ach, Papa, wir … dich doch.
e. … ihr geblümte Hemden?
f. Ich … keine Strumpfhosen.

2 Complète les phrases avec le pronom qui convient.

a. Das T-Shirt ist neu. Möchtest du … mitnehmen?
b. Dieser Ring ist aus Gold. … kostet sicher viel Geld, aber ich mag … nicht.
c. Ist diese Kette für …? Vielen Dank, ich finde … sehr schön!
d. Wo bist du? Ich sehe … nicht.
e. Du ziehst … stylisch an.
f. Meine Oma mag alte Sachen. Diese Uhr ist für …

Cahier d'activités p. 45

Vokabelfabrik

Cahier d'activités p. 45

1 Shopping

Accessoires

die Handtasche(n)
der Rucksack(¨e)
die Mütze(n)
die Kappe(n)
der Hut(¨e)
der Gürtel(-)
die Handschuhe (pl.)
die Ohrringe (pl.)
die Sonnenbrille(n)

Farben und Muster

die Farbe(n)
hellblau ≠ dunkelblau
kariert / gestreift / geblümt

Geschmack

etwas mögen ≠ etwas hassen
etwas klasse finden ≠ etwas hässlich finden

2 Wörter bilden

Précise ou modifie le sens donné des trois noms ci-dessous en les associant aux éléments donnés pour former des noms composés. Sois attentif au genre du nom composé et à sa prononciation.

Exemple : *(der) Sommer + das Kleid = das Sommerkleid*

der Anzug
das Kleid
die Schuhe

(der) Abend | (die) Hand | (das) Haus
(der) Schlaf | (der) Sommer | (der) Sport

Gruppenpuzzle

Auf Trachten-Tour durch Deutschland

IN GRUPPEN

a. Bildet Gruppen. Jede Gruppe bearbeitet nacheinander alle Regionen.

b. Anschließend sucht jede Gruppe Informationen über eine originelle Tracht aus Deutschland, Frankreich oder aus einem anderen Land und macht eine Präsentation mit Fotos.

VIDEO

In der Lausitz: Thea ist Sorbin

a. Schaut euch das Video an. Wer ist Thea? Wo lebt sie?

b. Notiert Informationen über Thea. Was macht sie an Fronleichnam?

Thea ist Sorbin, mdr, 2013

Vokabeln

- Fronleichnam: katholischer Feiertag
- „Druschka" gehen: die sorbische Tracht tragen
- die Prozession
- Lieder singen *chanter des chants*
- Sorbisch sprechen *parler le sorabe*

In Bayern: Dirndl oder Lederhose?

a. Schaut euch den Prospekt an. Welches Kleidungsstück ist typisch für Frauen in Bayern? Und für Männer?

b. Wann trägt man die bayerische Tracht?

Ein Trachtenfest im Schwarzwald

a. Schaut euch das Foto an und hört euch die Reportage an. Was ist ein Trachtenfest?

b. Wo findet das Interview statt?

c. Was trägt die Frau? Was tragen die Männer?

Eine Trachtengruppe in Schleswig-Holstein

a. Lest die Annonce und schaut euch das Foto an. Beschreibt die Amrumer Tracht (Kleidung, Farben).

b. Welche Aktivitäten organisiert die Trachtengruppe?

Tanzt du gern?

Die Trachtengruppe Amrum sucht Tänzer und Tänzerinnen.

Wir suchen Jungen und Mädchen von 13-18. In der Gruppe tanzen 16 Jugendliche und 20 Erwachsene. Wir trainieren mit der Akkordeongruppe und organisieren auch Trachtenfeste.

Trainingszeit: montags 18.00 – 20.00 / Sporthalle Amrum

Auftritte mit Livemusik von April bis September

Für weitere Infos: amrum@gmail.com

Lernen zu lernen

Vokabeln lernen

A) MÉMORISER LE VOCABULAIRE

1 Lis les mots de la rubrique *Vokabelfabrik* page 59 et assure-toi que tu les comprends bien. Vérifie éventuellement leur sens dans le lexique à la fin du livre.

2 Comment les mots sont-ils classés ? Ce classement correspond-il à ta façon d'apprendre ?

3 Imagine une présentation qui t'aidera à mieux mémoriser ce vocabulaire. Tu peux associer les mots de différentes façons :

- selon leur sens (vêtements pour hommes / pour femmes) ou leur proximité (*anziehen, tragen, anhaben* ; *brauchen, kaufen*) ;
- par familles (*Kleid* / *Kleidung* / *Kleidungsstücke* / *Sommerkleid*) ;
- en opposant les contraires (*klassisch* ≠ *sportlich*) ;
- en les rapprochant de mots français ou anglais (*Mantel* → manteau, *Schuhe* → shoes…).

Cahier d'activités p. 47

TIPP Apprends toujours un nom avec son article, sa forme de pluriel (*der Rock / die Röcke*), un verbe avec ses particularités (*tragen / er trägt*). Excerce-toi à l'écrire et à le prononcer.

TIPP Plutôt que d'apprendre un verbe seul (*anziehen*), associe-le à un complément (*einen Rock anziehen*). Tu disposeras ainsi de groupes prêts à l'emploi : *Mila möchte einen Rock anziehen. / Mila zieht einen Rock an.*

TIPP Sollicite les différentes facettes de la mémoire, en fonction de ton profil (voir p. 52).

B) ATELIER « QUARTETT »

4 Fabrique un *Quartett* sur le modèle du jeu des sept familles, avec 6 ou 8 séries de 4 cartes (par exemple : *Damenkleidung, Winterkleidung, Accessoires, Stil*), et révise ton vocabulaire en jouant avec tes camarades.

Cahier d'activités p. 47

Ballettkostüme

Parcours artistique

1 Schau dir das Foto an.
Beschreib die Kostüme (Farben, Formen).

Die Kostüme von Oskar Schlemmer für das „Triadische Ballett" (1922), Präsentation der Staatsgalerie Stuttgart 2013

Vokabeln

- das Dreieck → dreieckig
- das Quadrat → quadratisch
- die Spirale → spiralförmig
- der Kreis → rund

Oskar SCHLEMMER (1888-1943)

Oskar Schlemmer kommt aus Stuttgart. Er studiert bildende Kunst und wird im Jahre 1921 Lehrer am **„Staatlichen Bauhaus"**, einer Kunstschule in Weimar. Oskar Schlemmer malt gern und interessiert sich sehr für Tanzexperimente und Bühnenbilder. Die Grundfarben und die geometrischen Figuren inspirieren ihn zu den Bühnenkostümen für sein „Triadisches Ballett" (1922).

2 Lies jetzt die Biografie.
Wann und wo kann man diese Kostüme tragen (im Theater, in der Oper, beim Karneval ...)?

SPIEL DEN KOSTÜMBILDNER!

Zeichne dein Kostüm mit vielen Farben und Formen wie Oskar Schlemmer.
Die Klasse kann eine Präsentation organisieren.

Unser Projekt

Einen Artikel über Mode, Trends und Stars schreiben

Etappe 1

a. Bildet 2er-Gruppen und sucht euch ein Foto von einem Star aus. Was hat trägt er / sie (Kleidung, Accessoires)?
b. Warum findet ihr ihn / sie stylisch?

Etappe 2

a. Sucht im Internet neue modische Accessoires und Kleidung.
b. Gebt jetzt den Lesern Tipps, um trendy zu sein: Was brauchen sie / was brauchen sie nicht? Was kosten die neuen Accessoires?

TICE

Etappe 3

Geht auf *OpenOffice*. Schreibt den Artikel. Fügt Bilder ein.

> MODE NEWS

Sophie Hunger mag trendige Klamotten ...

Mon bilan de compétences

Éléments du Socle commun	Programme du cycle 4	Connaissances et compétences
1 Communiquer à l'oral et à l'écrit dans une langue étrangère	Compétences langagières A1/A1+	▶ Comprendre les points essentiels d'une conversation simple : les vêtements, les goûts. ▶ Repérer les informations essentielles d'un message : invitation, bref article, site informatif. ▶ Échanger sur mes goûts, les achats. ▶ Décrire des objets, parler de mes intentions. ▶ Écrire un message simple : répondre à une invitation, décrire une personne.
2 Méthodes et outils pour apprendre		• Acquérir des méthodes pour apprendre le vocabulaire.
5 S'ouvrir à la diversité des cultures et des modes de vie	Compétences culturelles	• Découvrir la diversité culturelle : des costumes traditionnels en Allemagne.
5 Découvrir des expressions artistiques, des œuvres		Parcours artistique • *Das Triadische Ballett* (O. Schlemmer).

KAPITEL 5

Willkommen bei uns zu Hause!

Je vais apprendre à...

- comprendre quelqu'un qui parle de son logement.
- comprendre des informations sur les repas et la nourriture.
- indiquer où se trouve quelque chose ou quelqu'un.
- comparer deux situations.
- donner des conseils ou des ordres.
- développer ma capacité à réagir dans des situations de communication.

Je vais découvrir...

- certaines habitudes alimentaires des Allemands.
- différents types d'habitat en Allemagne.
- une action menée en Allemagne contre le gaspillage alimentaire.

Unser Projekt

Imaginer un dialogue pour donner vie à un immeuble

Mach's dir gemütlich!

Greif zu! p. 72

1 Wo sind sie?

PISTE 49

Eva und ihr Team renovieren das Haus der Familie Scheuer. Hör zu. Wo spielt jede Szene?

Beispiel: *Sie sind im … / in der …*

Cahier d'activités p. 48

Vokabeln

- im Flur
- im Schlafzimmer
- in der Küche

2 Schöner wohnen

PISTE 50

a. Hör zu. Welche Räume zeigt Eva? Was sagt Familie Scheuer dazu?

b. Notiere weitere Informationen über die renovierten Räume.

c. Du bist Sara. Zeig deiner besten Freundin / deinem besten Freund dein neues Zuhause.

Cahier d'activités p. 48

Sprechtraining

PISTE 51

L'accentuation des mots composés

Cahier d'activités p. 49

3 Aufräumen!

a. Schau dir die zwei Bilder an. Wie findest du sie?

Beispiel: *Ich finde das Gemälde links / rechts …*

b. Du bist Museumsführer(in). Vergleiche die beiden Bilder. Sag dabei, wo die Gegenstände auf dem Originalbild sind.

Cahier d'activités p. 49

Vokabeln

- das Bett(en) — *le lit*
- das Handtuch(¨-er) — *la serviette*
- die Waschschüssel(n) — *la bassine*
- an der Wand hängen — *être accroché au mur*

Vincent Van Gogh, *La chambre de Van Gogh à Arles*, 1889

Ursus Wehrli, *Kunst aufräumen*, 2002

4 Tapetenwechsel

Dieses Zimmer findest du langweilig. Wie kannst du es gemütlicher machen?

Beispiel: *Ich brauche ein … Dann ist das Zimmer …*

Cahier d'activités p. 49

Zwischenstation

Meine Traumwohnung

a. Wie sieht deine Traumwohnung aus? Zeichne den Plan und such ein Foto von deinem Lieblingszimmer.

b. Zwei Schüler(innen) präsentieren ihre Traumwohnung. Die Klasse sagt dann, welche Traumwohnung ihr besser gefällt.

Ich kann's

A1+

- Je comprends quelqu'un qui donne son avis sur l'aménagement d'un logement.
- Je comprends où se situe quelque chose ou quelqu'un.
- Je sais situer quelque chose ou quelqu'un.
- Je peux comparer deux situations.

Schnelltest • Cahier d'activités p. 52

S1 Greif zu! Wohnen und einrichten

1 Echt toll, deine Wohnung!

MP3 PISTE 52

a. Kevin zeigt seinem Freund Hannes seine neue Wohnung. Hör zu. Welche Räume zeigt er?

Beispiel: *Zuerst zeigt er …, dann …*

b. Welcher Plan ist der von Kevins Wohnung?

c. Der andere Plan ist der von Hannes' Wohnung. Hannes zeigt Kevin seine Wohnung. Spielt den Dialog.

Cahier d'activités p. 50

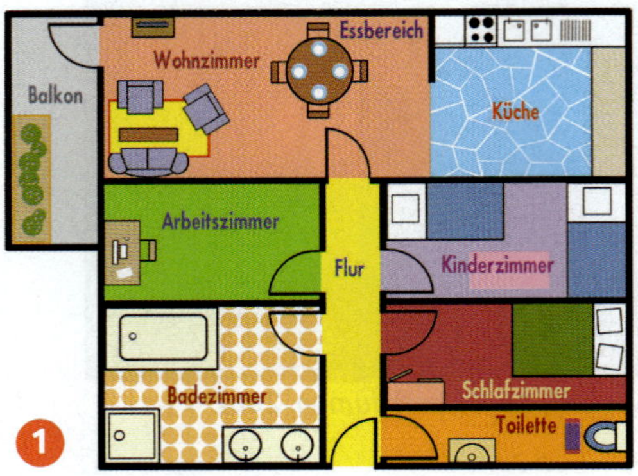

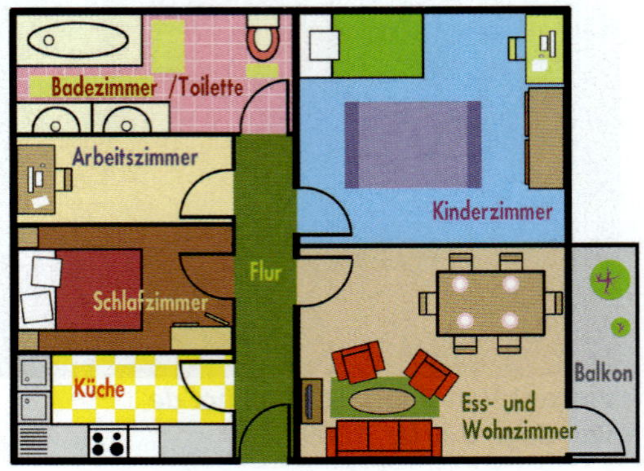

2 Traummöbel?

a. Schau dir die Webseite an.

b. Du hast 300 Euro. Du möchtest neue Möbel für dein Zimmer. Was kaufst du?

Beispiel: *Ich brauche … Ich kaufe … sofort für … Euro. / Mein Preisvorschlag: Ich biete … Euro.*

Cahier d'activités p. 50

Möbel

Wanduhr – Silber
EUR 29,95
Sofort-Kaufen oder Preisvorschlag

Schreibtischlampe
EUR 139,00
Sofort-Kaufen oder Preisvorschlag

Esstisch
EUR 79,99
Sofort-Kaufen oder Preisvorschlag

Bücherregal
EUR 180,00
Sofort-Kaufen oder Preisvorschlag

Designer Teppich
EUR 79,90
Sofort-Kaufen oder Preisvorschlag

Sofa
EUR 299,00
Sofort-Kaufen oder Preisvorschlag

Kleiderschrank
EUR 176,00
Sofort-Kaufen oder Preisvorschlag

4 Ikea-Stühle
EUR 62,90
Sofort-Kaufen oder Preisvorschlag

Grammatik

Mémento pp. 133, 134

1 Le locatif

Pour indiquer où se trouvent des personnes ou des objets (question *Wo?*), on peut utiliser les prépositions ***in***, ***an***, ***auf***, ***über***, ***unter*** et ***neben*** (voir p. 133). Elles sont alors suivies d'un groupe nominal au **datif**.

Dein Buch liegt auf de**m** Schreibtisch. (masculin)
Ich arbeite in meine**m** Zimmer. (neutre)
Wie findest du das Bild an de**r** Wand? (féminin)

2 Le comparatif de supériorité

On forme le comparatif de supériorité en ajoutant ***-er*** à l'adjectif.

Meine Wohnung ist modern, aber deine ist noch moderne**r**.

⚠ alt → ält**er** — groß → größ**er**
dunkel → dunkler — teuer → teurer
gut → besser

1 Elias ne sait plus où il a posé ses affaires. Aide-le en complétant les énoncés par la préposition qui convient.

a. Dein Mantel hängt bestimmt … der Garderobe oder er liegt … dem Bett.
b. Das Portemonnaie? Liegt es nicht … dem Tisch … der Küche?
c. Deine Brille ist vielleicht … deinem Zimmer … dem Computer.

2 À chacun son style ! Compare la chambre de Mia à celle de Vanessa.

a. Mias Zimmer (16 m²) – Vanessas Zimmer (20 m²)
b. Mias Bett (2012) – Vanessas Bett (2015)
c. Mias Schreibtisch (antik) – Vanessas Schreibtisch (PC-Schreibtisch)
d. Teppich bei Mia (3 mm dünn) – Teppich bei Vanessa (1 cm dick)
e. Mias Regale (70 €) – Vanessas Regale (150 €)

Cahier d'activités p. 51

Vokabelfabrik

Cahier d'activités p. 51

1 Rund um das Haus

Wo?
im Flur / auf dem Balkon stehen
im Wohnzimmer *fern*sehen
im Kinderzimmer spielen
in der Küche frühstücken
im Badezimmer sein
auf dem Sofa sitzen
im Bett liegen
an der Wand hängen

Wie?
gemütlich ≠ ungemütlich
modern ≠ alt
schön ≠ hässlich
hell ≠ dunkel

Was?
der Schrank(¨e)
der Stuhl(¨e)
der Teppich(e)
der Tisch(e)
das Bett(en)
das Sofa(s)
das Regal(e)

2 Wörter verstehen – Wörter bilden

a. Cherche les équivalents allemands et français de ces mots anglais. Quels sont les points communs et les différences ?
kitchen – bathroom – living room – bedroom – dining room

b. Forme des noms composés à partir de *das Zimmer*, *der Tisch* et *die Ecke*. Utilise pour cela les verbes suivants :
– baden
– essen
– schlafen
– schreiben
– spielen
– warten
– wohnen

Station 2 Guten Appetit!

Greif zu! p. 76

1 Einkaufsliste

PISTE 53

a. Schau dir die Liste an. Was braucht Frau Kaufmann?
b. Hör zu. Welche anderen Lebensmittel werden genannt?
c. Ergänze nun die Einkaufsliste.

Cahier d'activités p. 53

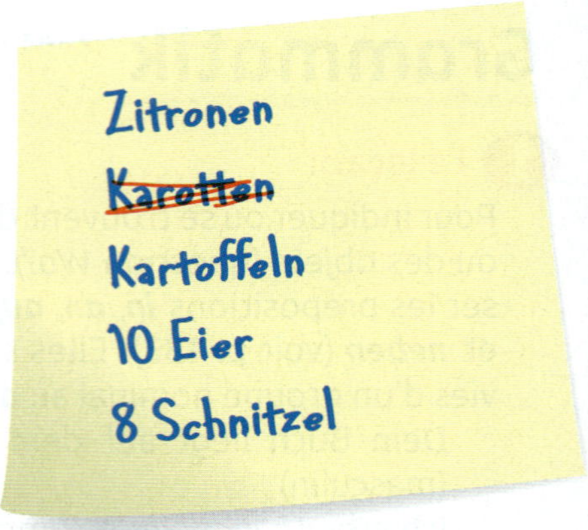

2 Zu Tisch!

PISTE 54 VIDEO

a. Kommentiere die Bilder. Was sagt wohl Frau Kaufmann?
b. Hör zu. Was gibt es zu essen und zu trinken?
c. Was sagt die Mutter zu Tobias?

Cahier d'activités p. 53

Sprechtraining

PISTE 55

« e » en fin de mot : [ə]

Cahier d'activités p. 54

3 Thema Lieblingsessen

a. Lies den Zeitungsartikel. Was sind die Lieblingsspeisen und -getränke der deutschen Jugendlichen?

b. Wie sieht es in eurer Klasse aus? Macht eine Umfrage.

Beispiel: *Schüler(in) A: Schmeckt dir Cola?*
Schüler(in) B: Ja / Nein, tut mir leid. Aber mir schmeckt …

Cahier d'activités p. 54

Was Jugendliche wirklich gerne essen und trinken

Schnitzel, Döner und Currywurst, das steht bei den Deutschen zwischen 20 und 40 ganz oben auf der Hitliste.

Doch wie sieht es bei den Jugendlichen aus? Ganz klar sind Pommes auf Platz 1. Die junge Generation liebt auch Pizza, Pasta, chinesisches Essen und Hamburger. Neben Fast Food sind Chips, Bonbons, Schokolade und Eis ganz in.

Und was trinken die Jugendlichen gerne? „Auf Feten sind Cola und Limo sehr beliebt, aber unter der Woche trinken wir Mineralwasser und Milch", so die 14-jährige Mona aus Berlin.

4 Tischmanieren

Schau dir das Bild an. Was sagen die Eltern zu jedem Kind?

Vokabeln

- alles probieren
- das Handy *aus*schalten
- mit Messer und Gabel essen
- nicht mit dem Essen spielen
- nicht mit vollem Mund sprechen
- sich richtig *hin*setzen
- sitzen bleiben

Zwischenstation

Ein Reisewörterbuch

Bald kommen die deutschen Partner nach Frankreich. Erstellt für sie ein Reisewörterbuch.

a. Bildet Gruppen. Sucht euch fünf wichtige Formulierungen zum Thema „Essen und Trinken".

b. Gebt ein paar Informationen über die Mahlzeiten in Frankreich. Tipps sind willkommen.

Cahier d'activités p. 54

Ich kann's

A1+

- Je comprends des informations relatives aux repas et à la nourriture.
- Je comprends et peux donner des conseils, des ordres.
- Je sais utiliser des formules de politesse à table.

Schnelltest • Cahier d'activités p. 57

S2 Greif zu!

Essen und Trinken

1 Mahlzeiten

MP3 PISTE 56

a. Schau dir die Bilder an. Hör zu. Welches Bild passt zu der Aufnahme? Was isst und trinkt Familie Fischer zum Abendbrot?

b. Was gibt's bei Familie Fischer zum Frühstück? Und du, was isst du zum Frühstück?

Cahier d'activités p. 55

Vokabeln

- das gekochte Ei
- der Kaffee
- der Kakao
- der Tee
- die Butter
- die Marmelade
- die Milch

1

2

3

2 Mensaplan

a. Schau dir den aktuellen Speiseplan an. Was möchtest du in dieser Woche essen?

b. Erstellt den nächsten Speiseplan: Überlegt euch in 2er-Gruppen die Menüs für einen Tag.

11.-15. Februar	Menü 1	Menü 2 VEGETARISCH	Suppe / Dessert
Montag	Bratwurst mit Ketchup oder Senf, dazu Kartoffelsalat	Gemüselasagne, dazu Salat BIO	- Karottencremesuppe - Schokopudding
Dienstag	Chicken Nuggets mit Ketchup, dazu Pommes und Salat	Spaghetti mit Tomatensoße und Parmesan	- Brokkolicremesuppe BIO - frisches Obst (Kiwi, Ananas)
Mittwoch	Steak mit Currysoße, dazu Gemüse-Couscous	Gemüsepaella mit Tofu BIO	- Kartoffelsuppe BIO - Müsli-Joghurt
Donnerstag	Ungarisches Gulasch mit Kartoffeln	Tortelloni mit Gorgonzolasoße, dazu Salat	- Gemüsesuppe - Karamellcreme
Freitag	Fischfilet mit Zitronen-Buttersoße, dazu Salzkartoffeln	Omelett mit Spinat BIO	- Tomatensuppe - Früchtekompott BIO (Äpfel, Bananen)

Grammatik

Mémento pp. 133, 135

1 L'impératif

L'impératif sert à donner un ordre ou un conseil. Le verbe est en 1re position. À la 2e pers. du singulier, il se limite le plus souvent à son radical.

Probier die Apfelschorle!
Greif ruhig ***zu***!
Sei nicht so nervös!
⚠ **Vergiss** die Tasche nicht!

2 Les pronoms personnels au datif (1re et 2e pers. du singulier)

En allemand, certains verbes (*danken*, *helfen* ...) ont un complément au datif qui désigne le bénéficiaire de l'action.

Ich helfe **dir** gern.

	nominatif	**datif**
1re pers.	ich	mir
2e pers.	du	dir

1 Rappelle à Daniel les règles qu'il doit respecter à la maison. Utilise l'impératif.

a. den Tisch decken **b.** nicht zu spät ins Bett gehen **c.** nicht im Wohnzimmer spielen **d.** nicht in deinem Zimmer essen **e.** dein Zimmer *auf*räumen **f.** deinen Bruder in Ruhe lassen **g.** deiner Mutter beim Einkaufen helfen **h.** abends nicht so lange *fern*sehen

2 Complète par le pronom personnel au datif qui convient.

a. Hilfst du … beim Aufräumen? – Na klar, ich helfe … gern.
b. Kann ich noch etwas Suppe haben? – Tut … leid, die Suppe ist alle.
c. Mmh, wie lecker! Die Pizza schmeckt … – Soll ich … ein zweites Stück geben?
d. Gefällt es … in Deutschland, Anaïs? – Oh ja! Es ist ganz toll. Ich danke … für deine Einladung.

Cahier d'activités p. 56

Vokabelfabrik

Cahier d'activités p. 56

1 Lebensmittel

Zum Essen

das Ei(er)
das Fleisch
das Schnitzel(-)
die Wurst(¨-e)
der Fisch
das Brot
die Kartoffel(n)
der Käse

das Gemüse
der Salat(e)
die Tomate(n)
die Karotte(n)
der Brokkoli

das Dessert(s)
der Joghurt(s)
das Eis
frisches Obst
der Schokopudding

Zum Trinken

die Flasche Mineralwasser
die Apfelschorle
die Cola
die Limo
das Bier
die Milch
der Kaffee
der Kakao
der Tee

2 Wörter assoziieren

a. Recherche les équivalents allemands des mots ci-dessous.
apple – beer –coffee – chocolate – ice – milk – salt – tea – water

b. Trouve les équivalents anglais des mots ci-dessous.
Brot – Butter – Ei – Käse – Orangenmarmelade – Fisch

c. Quels sont les verbes que tu associes à ces noms communs.
das Getränk – der Fernseher – das Frühstück – der Geschmack – die Hilfe – der Schlaf – die Wohnung

Gruppenpuzzle

In Deutschland wohnen

IN EINZEL- UND PARTNERARBEIT

a. Jeder Schüler bearbeitet im eigenen Tempo den ersten Teil. Wer fertig ist, signalisiert dies durch Aufstehen.

b. Zwei Schüler, die im gleichen Tempo arbeiten, gehen in eine Diskussionsecke und beantworten gemeinsam die Fragen.

c. Jeder Schüler kommt anschließend an seinen Platz zurück und befasst sich allein mit dem nächsten Teil.

d. Nach der Phase im Lerntempoduett sagt jeder Schüler, wo er gern wohnen möchte und warum.

Immobilienanzeigen

a. Lies die drei Anzeigen und schau dir die Fotos an. Assoziiere Fotos und Anzeigen.

b. Wähle eine Anzeige und beschreibe das Haus oder die Wohnung.

Innovativ und naturnah!

Einfamilienhaus in München-Allach
Wohnfläche: ca. 157 m^2
zentrale Lage, Privatgarten (306 m^2)
Erdgeschoss: Wohnzimmer mit Essecke, Gästezimmer, WC/Dusche, Terrasse (20 m^2)
Im Dachgeschoss: 3 Zimmer und Bad

3-Zimmer-Wohnung am Südpark (Obersendling)
Wohnfläche: ca. 98 m^2
Wohnen / Essen / Kochen: 38 m^2
WC/Dusche + Bad
Balkon (3 m^2)
direkt an der U-Bahnstation (U3)

Traumhaftes Idyll mit Bergblick
etwa 25 km von München
190 qm Wohnfläche
Grundstück: ca. 2860 qm
Baujahr 1910 – restauriert
EG: Wohnküche – Wohnzimmer
OG: 4 Zimmer, großer Balkon, Bad mit WC
Großer Hobbyraum im Dachgeschoss

1

2

3

VIDEO

Reetdachhaus

a. Schau dir das Video an und notiere Informationen über das Haus.

b. Schreib den Text zum Video.

Ein Holzhaus, natürlich gemütlich

Classe

a. Hör dir das Interview an. Was ist charakteristisch für Familie Börners Haus?

b. Was gefällt Familie Börner an ihrem Haus?

Mehrgenerationenhaus

a. Lies die Webseite.

b. Was ist charakteristisch für ein Mehrgenerationenhaus? Was ist das Positive daran?

Mehrgenerationenhaus
Bonn-Beuel

ÜBER UNS | AKTUELLES | PARTNERSCHAFT | PROJEKTE | KONTAKT

Du möchtest:
- eine eigene Wohnung haben,
- einer solidarischen Gemeinschaft* angehören,
- dich für andere Menschen engagieren (Babysitting, Hausaufgaben ...)
- Hilfe bekommen, wenn du etwas brauchst:
(Einkaufshilfe, kleine Reparaturen ...)

Für Alt und Jung, Ehepaare, Familien mit Kindern bieten wir:
- eine separate Wohnung,
- Gemeinschaftsräume, eine Gemeinschaftsküche, ein Gästeappartement, einen Gemüsegarten,
- eine große Terrasse.

* *la communauté*

Lernen zu lernen

Kommunikationsstrategien entwickeln

A) ANALYSER UNE SITUATION DE COMMUNICATION

VIDEO

1 Regarde la séquence vidéo *Zu Tisch!* (activité 2, *Station 2*) sans le son. Qu'est-ce qui te permet de comprendre qu'Anaïs n'est pas chez elle et qu'elle apprend l'allemand ?

> **TIPP** Dans une interaction orale, sois attentif(-ve) aux contacts visuels et aux gestes.

MP3 PISTE 54

2 Cette vidéo met en scène cinq personnes au moment du dîner. Écoute le dialogue et relève toutes les formulations qui se rapportent à la nourriture et au repas.

> **TIPP** Prépare une liste d'expressions pour chaque sujet de conversation. Cela te permettra de t'exprimer plus facilement.

VIDEO

3 Visionne la vidéo en te concentrant sur les réactions d'Anaïs. Comment montre-t-elle qu'elle a des difficultés de compréhension ? Comment compense-t-elle ses lacunes de vocabulaire ?

> **TIPP** Demande de l'aide quand tu en as besoin. Tu relanceras ainsi la conversation.

VIDEO

4 Regarde une nouvelle fois la vidéo en t'intéressant à présent au comportement de la famille. Comment aide-t-elle Anaïs ?

B) ATELIER « IMPROVISATIONSTHEATER »

5 **a.** Regarde la photo ci-contre. Quelles formulations associes-tu à cette scène ?

b. Par groupes de trois, imaginez uniquement à l'aide de mimes la suite de la scène.

c. Deux trinômes présentent sous forme gestuelle la saynète imaginée. Les autres groupes enrichissent alors la liste établie en a.

d. Formez de nouveaux trinômes. Après quelques minutes de préparation, chaque groupe joue devant les autres la scène (gestes et paroles).

Cahier d'activités p. 58

Müll oder nicht?

Parcours citoyen

1 Zu gut für die Tonne?

Schau dir beide Plakate an. Wie sehen die Lebensmittel aus? Warum?

2 Lebensmittel retten

Lies den Artikel. Was erfährst du über Foodsharing?

Drei Millionen Kilo gerettete Lebensmittel

Dienstag, 15. Dez. 14:54 Uhr von Matthias Voigt

Wir werfen[1] viel Obst, Gemüse und Brot in die Abfalltonne, weil sie nicht mehr so frisch und gut aussehen. Viele Lebensmittel können wir aber noch essen. Davon ist die Foodsharing-Community überzeugt.

Gegen die Wegwerfmentalität agieren derzeit in Deutschland 11 000 Foodsaver. Bei 2 000 kooperierenden Supermärkten retten[2] sie jede Woche viele Lebensmittel. In diesem Jahr waren das drei Millionen Kilo gerettete Lebensmittel!

weiterlesen

1. *jeter* 2. *sauver*

AUF DEN PUNKT GEBRACHT

En cours d'enseignement moral et civique, ton professeur souhaite vous faire parler de l'engagement à travers la thématique du gaspillage alimentaire.
Prépare un bref exposé sur les actions menées en Allemagne pour réduire les déchets.

Unser Projekt

Ein Wohnhaus zum Leben erwecken

Etappe 1

a. Bildet 2er-Gruppen. Wählt einen Raum aus, den ihr der Klasse zeigen wollt (Küche, Wohnzimmer, Schlafzimmer …).
b. Baut diesen Raum mit einem Schuhkarton und Bildern und richtet ihn ein.

Etappe 2

a. Sucht zwei Playmobil-Figuren und stellt sie in den Raum.
b. Beide Figuren sprechen miteinander. Erfindet den Dialog.

TICE Etappe 3

a. Öffnet die App *Aurasma* und loggt euch ein.
b. Nehmt den Dialog zwischen beiden Figuren als Video auf (*Overlay*).
c. Macht dann ein Foto von dem Raum (*Trigger*).
d. Speichert den Augmented Reality Inhalt (*Aura*).

Mon bilan de compétences

Éléments du Socle commun	Programme du cycle 4	Connaissances et compétences
1 Communiquer à l'oral et à l'écrit dans une langue étrangère	Compétences langagières A1+	▶ Isoler des informations simples dans un message : comprendre quelqu'un qui parle de son logement. ▶ Isoler des informations simples dans un court texte narratif : comprendre ce qu'aiment boire et manger de jeunes Allemands. ▶ Poser des questions et répondre à des questions sur l'expression du goût. ▶ Présenter ou décrire : situer quelque chose ou quelqu'un, comparer deux situations. ▶ Écrire un message simple : rédiger pour les correspondants un guide sur les repas en France.
2 Apprendre à apprendre		• Développer des stratégies pour réagir dans des situations de communication.
5 S'ouvrir à la diversité des modes de vie et des cultures	Compétences culturelles	• Différents types d'habitat en Allemagne
3 Réfléchir à ses propres habitudes, se préparer à s'engager en tant que citoyen		Parcours citoyen • Une action contre le gaspillage alimentaire

KAPITEL 6

In der Stadt ist immer viel los!

Je vais apprendre à...

- comprendre un itinéraire.
- indiquer un itinéraire et m'orienter en ville.
- comprendre et donner des conseils.
- présenter un projet de sortie.
- dire ce qui est permis et interdit.
- développer des stratégies pour m'exprimer à l'oral.

Je vais découvrir...

- le phénomène « Parkour ».
- les villes de Hamburg, Freiburg et Basel.
- « die Wiener Secession ».

Unser Projekt

Créer une carte postale sonore

Station 1 Kreuz und quer

Greif zu! p. 86

1 Schatzsuche in Freiburg

MP3 PISTE 57

a. Hör dir den Dialog an. Wo ist der Startpunkt? Und das Ziel?
b. Was sagt das Navigationssystem? Aber was passiert? Cahier d'activités p. 59

2 Falsch gelaufen

MP3 PISTE 58

a. Hör dir den Dialog an. Welchen Weg beschreibt der Vater am Telefon?
b. Wo sind Amina und Dennis am Ende?
c. Finde einen anderen Weg vom Rathausplatz bis zum Zielpunkt. Schreib Amina und Dennis eine SMS mit der Beschreibung.

Cahier d'activités p. 59

Sprechtraining

[ɔy]

Cahier d'activités p. 60

MP3 PISTE 59

3 Bewegt euch durch die Stadt!

VIDEO

Schau dir das Video an.
Was machen die Jugendlichen?

Cahier d'activités p. 60

Parkour in Esslingen, doParkour, 2014

Vokabeln

- einen Salto machen
- über etw. springen *sauter par-dessus qqch.*
- durch die Stadt rennen *courir à travers la ville*

4 Parkour – Was ist das?

MP3 PISTE 60

a. Hör dir das Interview an. Was erfährst du über Martina?

b. Wohin läuft sie gern? Welche Tipps gibt sie?

c. Lies die Regeln und formuliere dann Ratschläge. Du kannst auch andere Tipps geben.

Cahier d'activités p. 60

5 Regeln für Anfänger

- den Parkour analysieren
- gute Turnschuhe kaufen
- im Team und nicht alleine springen
- mindestens 2 Stunden pro Woche trainieren
- Wasser trinken und Pausen machen

Zwischenstation

Stadtrallye

a. Schüler A erklärt den deutschen Austauschschülern den Weg von der Schule bis zum Rathaus.

b. Alles klar? Wer kann die Wegbeschreibung wiederholen?

c. Macht weiter (Weg zur Post, zum Bahnhof ...).

Ich kann's

A2

- Je sais demander mon chemin.
- Je comprends un itinéraire.
- Je peux indiquer un itinéraire à quelqu'un.
- Je sais donner des consignes ou des conseils à un groupe de personnes.

Schnelltest • Cahier d'activités p. 63

Wegweiser

1 Blinde Kuh

MP3 PISTE 61

a. Hör die Wegbeschreibung für die „Blinde Kuh".
Ist es Raum A oder Raum B?

b. Beschreibe den anderen Weg.

Cahier d'activités p. 61

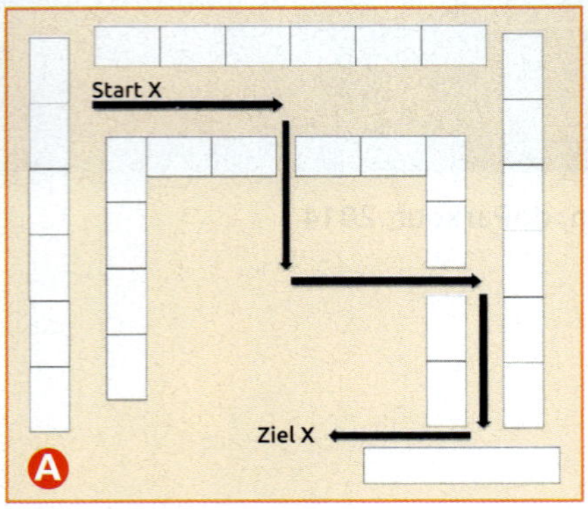

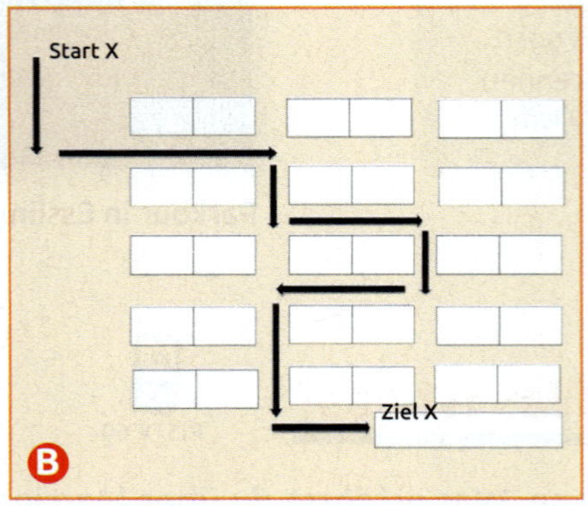

Vokabeln

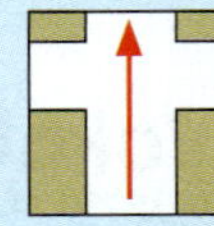

• geradeaus gehen

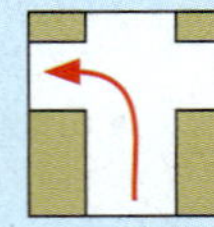

• nach links *ab*biegen

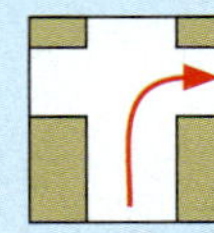

• nach rechts *ab*biegen

2 In der Stadt

Schau dir die Piktogramme an und lies die Etiketten. Was passt zusammen?

das Schwimmbad | das Museum | das Hotel | die Bank | der Spielplatz | das Rathaus

der Bahnhof | die Bushaltestelle | das Restaurant | der Parkplatz | die Post | die Apotheke

3 Wohin?

Schlage für jedes Problem die richtige Lösung vor.

Cahier d'activités p. 61

- Wir wollen eine Fahrkarte kaufen.
- Wir wollen ein Paket abholen.
- Wir haben Hunger.
- Wir brauchen Medikamente.
- Wir möchten picknicken.
- Wir möchten Geld abheben.

Also geht …

- zum Bahnhof
- zur Bank
- zur Post
- ins Restaurant
- in die Apotheke
- in den Park

S1 Sprache aktiv

Grammatik

Mémento p. 134, 135

1 Le directif

• Pour indiquer le lieu où l'on va (question *wohin?*), on peut utiliser les prépositions ***in***, ***an*** et ***auf*** suivies de l'accusatif.

Wir kommen jetzt **auf die** Salzstraße.
Gehen wir **ins** Schwimmbad?

• La préposition ***zu*** permet d'indiquer la direction. Elle est toujours suivie du **datif**.

Wie komme ich **zum** Bahnhof?

Elle peut se combiner avec ***bis*** (jusqu'à).

Geh **bis zur** Kreuzung!

2 L'impératif pluriel

La 2e personne du pluriel est identique à celle du présent.

Geht geradeaus bis zum Brunnen!
⚠ **Seid** vorsichtig!

1 Réponds à la question de Sine en utilisant les éléments ci-dessous.

Wohin geht ihr? Wir gehen ins Schwimmbad.

a. Restaurant **b.** Schule **c.** Museum **d.** Supermarkt **e.** Apotheke **f.** Flohmarkt **g.** Haltestelle **h.** Parkplatz

2 Voici la description d'un chemin. Complète par la terminaison qui convient.

a. Geh zuerst bis zu… Kreuzung. **b.** Geh dann bis zu… Bertoldsbrunnen. **c.** Geh auch noch bis zu… Apotheke. **d.** Geh geradeaus bis zu… Rathaus.

3 Formule les recommandations des professeurs à leurs élèves.

die Leute respektieren → Respektiert die Leute.

a. den Stadtplan nicht vergessen **b.** nur bei Grün über die Straße gehen **c.** auf die Autos *auf*passen **d.** nicht allein bleiben **e.** um 17 Uhr am Bahnhof sein **f.** einen Lehrer *an*rufen, wenn etwas passiert

Cahier d'activités p. 62

Vokabelfabrik

Cahier d'activités p. 62

1 In die Stadt gehen

die Stadt

das Rathaus
das Museum (die Museen)
die Post
das Schwimmbad(¨-er)
das Restaurant(s)
das Hotel(s)
die Apotheke(n)
die Bank(en)
die Bushaltestelle(n)
der Bahnhof(¨-e)
der Parkplatz(¨-e)
der Spielplatz(¨-e)

den Weg beschreiben

nach dem Weg fragen
geradeaus / nach links / nach rechts gehen
nach links / nach rechts *ab*biegen
in die Kaiser-Josef-Straße *ab*biegen
bis zur Kreuzung gehen
über die Straße gehen
durch den Park gehen

2 Wörter verstehen, Wörter bilden

a. À quels mots français ou latins te fait penser le verbe *schreiben*?

b. Quel verbe choisir : *schreiben, beschreiben, aufschreiben*?

– Der Journalist … einen Artikel über die Berlinale.
– Kannst du mir den Weg bis zum Bahnhof … ?
– Ich will an meine Oma … .
– Moment, ich will mir die Adresse … .

c. Quel est le sens de ces mots formés à partir des trois verbes ci-contre :
die Beschreibung – die Schrift – die Aufschrift – der Schriftsteller

d. Observe comment sont formés ces noms composés. Essaie de retrouver les mots qui leur correspondent en français.
Rathausplatz – Marktplatz – Parkplatz – Tennisplatz – Kinderspielplatz – Flugplatz – Arbeitsplatz

Station 2 Spaß haben

Greif zu! p. 90

1 Schaufensterbummel

PISTE 62

a. Schau dir den Plan der Fußgängerzone an. Was gibt es für Geschäfte?

b. Hör dir den Dialog an. Was möchten die Jugendlichen? Warum?

Beispiel: *Markus möchte …, weil …*

c. Was machen sie am Ende?

Cahier d'activités p. 64

Mädlerpassage, Leipzig

Sprechtraining

L'inflexion des voyelles

Cahier d'activités p. 65

PISTE 63

2 #schönesWochenende#basel

a. Schau dir die Vorschläge von Basel_schweiz an und lies die Kommentare. Was kann man am Wochenende in Basel machen? Was spricht dafür? Was spricht dagegen? Warum?

b. Du bist Basel_schweiz. Beantworte die anderen Fragen.

Beispiel: *#Kino: Warum möchtest du diesen Film unbedingt sehen?*
– Weil ich Julia Jentsch so toll finde.

Cahier d'activités p. 65

Basel_schweiz

#Freiluftkino

Wow, Filme sehen im Freien! Darf ich dort etwas essen und trinken?

Ja, klar!

#Rodelbahn

Rodeln im Sommer ist echt klasse! Aber ist das nicht ein bisschen gefährlich?

Ach nein! Komm schon!

#Konzerthalle

Gehst du schon wieder auf ein Konzert?

Jaaa, weil ich mal wieder richtig abrocken will, und das macht Spaß.

#Kunsthalle

Ins Museum gehen, das ist teuer und langweilig!

Nee, das denkst du, weil du die großartige Kunsthalle nicht kennst. Und als Schüler darfst du dort gratis rein.

#Freibad

Darf ich auch ohne Badehaube ins Freibad?

Ja, klar!

#Skatepark

Warum gehst du so gern in den neuen Skatepark?

#Hallenbad

Willst du heute ins Hallenbad?

#Theater

Warum gefällt dir das Stück so gut?

#Eisdiele

Warum gehst du nicht lieber zur Dönerbude?

Zwischenstation

Warum? Warum? Warum?

Macht ein Kettenspiel:

Schüler(in) A: *Am Samstag gehe ich in die Stadt.*
Schüler(in) B: *Warum gehst du Samstag in die Stadt?*
Schüler(in) C: *Weil ich …*
Schüler(in) D: *Warum …?*

Ich kann's

A2

- **Je peux parler de mes projets de sortie.**
- **Je peux décrire les activités à faire en ville.**
- **Je sais indiquer ce qui est autorisé ou interdit.**
- **Je sais exprimer la cause.**

Schnelltest • Cahier d'activités p. 68

Aktiv in der Stadt

1 Wo kaufst du was?

Stellt euch gegenseitig Fragen.

Beispiel: *Wo kaufst du Duschgel? – Im Drogeriemarkt.*

Cahier d'activités p. 66

- das Wörterbuch
- das Duschgel
- die Schuhe
- das Deo
- das Mascara
- der Fernseher
- der Textmarker
- die Jogginghose
- der Schal

- der Drogeriemarkt
- das Modegeschäft
- die Buchhandlung
- die Parfümerie
- das Elektrogeschäft
- das Schuhgeschäft
- das Sportgeschäft
- der Ein-Euro-Markt

2 Wochenendprogramm

Du hast Eintrittskarten. Wo willst du hin?

Beispiel: *Ich gehe ins …*

Cahier d'activités p. 66

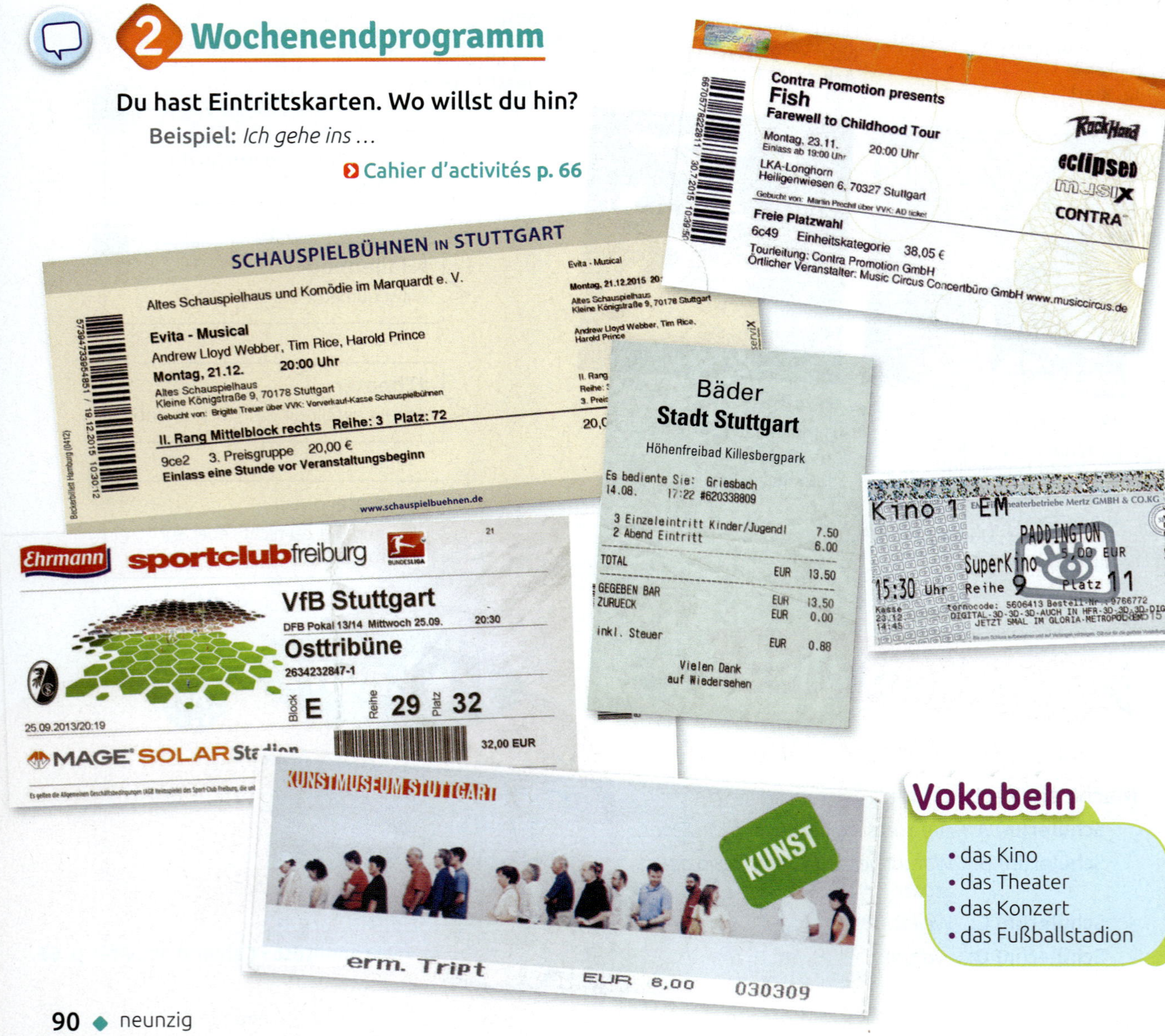

Vokabeln

- das Kino
- das Theater
- das Konzert
- das Fußballstadion

Grammatik

Mémento pp. 130, 135

1 Le verbe de modalité *dürfen*

Dürfen exprime l'autorisation ou l'interdiction à la forme négative.

Grün! Du **darfst** über die Straße gehen.
Markus **darf** keinen Fisch essen.

ich darfØ	wir dürf**en**
du darf**st**	ihr dürf**t**
er/sie/es darfØ	sie dürf**en**

2 La proposition subordonnée introduite par *weil*

Elle permet d'exprimer la cause, de justifier un point de vue. Elle répond à la question *warum?*

Ich kann nicht länger bleiben, **weil** ich dann Training **habe**.

Dans la subordonnée, le verbe conjugué occupe la dernière position. L'ordre des mots est le même que dans le groupe infinitif.

dann Training haben.
, **weil** ich dann Training **habe**.

⚠ La subordonnée est toujours séparée de la proposition principale par une virgule.

1 ***Dürfen oder nicht dürfen?* Conjugue *dürfen* à la forme voulue.**

a. Im Freiluftkino … wir essen.
b. … du morgen Abend ins Konzert mitkommen? – Ja, aber ich … nach dem Konzert nicht allein nach Hause gehen.
c. Ihr … heute Abend nicht ins Kino gehen. Ihr habt morgen Schule.
d. Mein Bruder … noch nicht auf die Rodelbahn gehen. Er ist zu klein.

2 Réponds aux questions de l'ami de Markus.

Warum gehst du nicht ins Kino? (keine Zeit haben)
→ *Weil ich keine Zeit habe.*

a. Warum kommst du nicht mit ins Schwimmbad? (nicht schwimmen können)
b. Warum nimmst du keinen Fisch? (keinen Fisch essen dürfen)
c. Warum willst du nicht ins Museum? (das Museum langweilig finden)
d. Warum gehst du schon wieder in den Skatepark? (Skaten total cool finden)

Cahier d'activités p. 67

Vokabelfabrik

Cahier d'activités p. 67

1 In der Stadt

Wo wollen wir essen?	Wohin gehen wir?	Wo kaufen wir ein?
am Imbiss	ins Kino	im Buchladen / in der Buchhandlung
im Fischrestaurant	ins Theater	im Modegeschäft
in der Pizzeria	in die Fußgängerzone	im Schuhgeschäft
am Kiosk	in den Zoo	im Sportgeschäft
		im Drogeriemarkt
		in der Parfümerie

2 Wörter bilden, Wörter verstehen

a. Complète par un des mots suivants : *einkaufen, kaufen, (der) Käufer, verkaufen, (die) Verkäuferin*

– Ich möchte gern neue Kopfhörer … Siehst du eine …?
– Wo können wir in der Stadt billig …?
– Ich will mein altes Fahrrad …, aber ich finde keinen …

b. Classe les mots suivants par langue :

apotheca – apothicaire – Apotheke – Apotheker – pharmacie – drug – drugstore – druggist – chemist – droguiste – Drogerie

Gruppenpuzzle

Hamburger Facetten

IN EINZEL- UND PARTNERARBEIT

a. Jeder Schüler bearbeitet den ersten Teil. Wer fertig ist, signalisiert dies durch Aufstehen.

b. Zwei Schüler, die im gleichen Tempo arbeiten, gehen in eine Diskussionsecke und beantworten gemeinsam die Fragen.

c. Jeder Schüler geht anschließend an seinen Platz zurück und befasst sich allein mit dem nächsten Teil.

d. Nach der Phase im Lerntempoduett präsentiert jeder Schüler einen Aspekt der Stadt Hamburg, der ihm am besten gefällt.

VIDEO

Das Projekt HafenCity

a. Sieh dir die Karte und das Video an. Was fällt auf?

b. Lies den Text. Was ist das Besondere an diesem Viertel?

HafenCity, Hamburg, 2013

Das Projekt HafenCity

Im alten Hafenquartier entsteht heute ein neues modernes Viertel: die HafenCity. Brücken verbinden dieses Viertel mit der Innenstadt und dem alten Teil des Hafens. Die HafenCity ist auch mit der neuen U-Bahnlinie U4 erreichbar. Das Projekt kostet die Stadt Hamburg viel Geld. Wenn es fertig ist, bietet es viele Möglichkeiten: Wohnungen und Geschäfte in verschiedenen Baustilen, die Elbphilharmonie für Konzerte jeder Art, Skate- und Fahrradwege mit Blick auf die Elbe.

Hamburg ist fast komplett von Wasser umgeben. Die Alster, ein Nebenfluss der Elbe, formt in Hamburg zwei Seen, die Binnen- und die Außenalster. Die Elbe fließt durch die Stadt und verbindet Hamburg mit der Nordsee. Hamburg hat auch mehr Brücken als jede andere Stadt auf der Welt und mehr Kanäle als Amsterdam und Venedig zusammen. In Hamburg finden deshalb viele Wassersport-Events statt, zum Beispiel Drachenbootrennen auf der Binnenalster.

Das Venedig des Nordens

a. Lies den Text. Warum vergleicht man Hamburg mit Venedig?

b. Was für Wasserwege gibt es in Hamburg? Was kann man dort machen?

Classe

Der Fischmarkt

a. Hör dir die Reportage an. Wann ist der Fischmarkt?

b. Welche Produkte kann man auf dem Fischmarkt kaufen?

Lernen zu lernen

Mündlich berichten und erklären

A) PRÉPARER LA PRISE DE PAROLE EN CONTINU

1 Tu veux réaliser la tâche proposée dans la *Zwischenstation* de la page 85. Relis le vocabulaire de la *Vokabelfabrik* page 87 en veillant à bien prononcer ces mots.

TIPP Mobilise au préalable le lexique et les structures dont tu vas avoir besoin.

2 Repère et note les principales étapes de l'itinéraire à indiquer. Organise ta prise de parole en notant les mots-clés de ton itinéraire.

TIPP Tu peux préparer ta présentation orale en notant quelques mots-clés.

3 Présente l'itinéraire à haute voix en t'aidant de tes notes. Enregistre-toi si tu le peux. Sois attentif aux critères suivants : cohérence, prononciation, aisance, emploi du lexique et des structures adaptés…

TIPP Ne parle pas trop vite. Veille à être bien audible.

B) ATELIER « PODCAST »

4 **a. Vous allez accueillir vos correspondants allemands. Tu enregistres un podcast pour présenter les activités que vous avez prévues pour le week-end.**
b. Prépare ton intervention. Tu peux t'inspirer de la fiche ci-dessous.
c. Publie ensuite le podcast sur le site de ton établissement.

Cahier d'activités p. 69

Samstag

ins Schwimmbad gehen
shoppen gehen
...

Sonntag ...

Weil:

zusammen Spaß haben
Souvenirs kaufen
französische Spezialitäten probieren

Kunstfeuilleton

Die Wiener Secession

Parcours artistique

1 Lies den Text. Wie kann man den Stil „Wiener Secession“ definieren (Formen, Farben, Motive)?

2 Schau dir das Foto an. Findest du die Stilelemente der Wiener Secession wieder?

Die Wiener Secession

Wiener Secession in Österreich, wie Jugendstil in Deutschland oder Art Nouveau in Frankreich, ist eine Kunstrichtung aus der Zeit des *Fin de Siècle*.

Die Künstler wollen die Natur im Alltag sehen: florale Formen und Farben (Blumen und Blätter), wellenförmige Ornamente, Tiere ...

Diese Kunst findet sich überall in der Stadt Wien (U-Bahnstation Karlsplatz, Amalienbad, Wiener Secessionsgebäude, Majolikahaus).

U-Bahn-Station Karlsplatz, Wien

SPIEL DEN ARCHITEKTEN!

Such dir ein Foto von einem banalen Gebäude aus und dekoriere es mit Motiven der Wiener Secession.

Unser Projekt

Eine akustische Postkarte über eine deutschsprachige Stadt erstellen

Etappe 1

Bildet Gruppen. Sucht euch für einen Wettbewerb eine deutschsprachige Stadt aus und sammelt Informationen über:
- interessante Orte (Straßen, Museen, Denkmäler, Grünanlagen ...),
- spannende Aktivitäten, die man dort machen kann.

Etappe 2

a. Bereitet jetzt eine kurze Präsentation vor.
b. Gebt Tipps für Besichtigungen und Aktivitäten, um die Stadt attraktiv zu machen.

Etappe 3

TICE

a. Nehmt die Präsentation auf.
b. Ihr könnt Sounds oder Musikelemente auf *Universal Soundbank* herunterladen.
c. Bearbeitet mit dem Programm *Audacity* die Sound- und Musikeffekte.

Allianz Arena in München

Mon bilan de compétences

Éléments du Socle commun	Programme du cycle 4	Connaissances et compétences
1 Communiquer à l'oral et à l'écrit dans une langue étrangère	Compétences langagières A2	▶ Comprendre pour réaliser une tâche : comprendre des consignes, un itinéraire. ▶ Repérer des informations ciblées : projets, consignes, interdictions… ▶ Réagir à des propositions, expliquer ses choix. ▶ Présenter un projet. ▶ Rédiger quelques jalons pour préparer une production orale.
2 Apprendre à apprendre		• Développer des stratégies pour s'exprimer à l'oral.
5 Sensibiliser à la diversité géographique et au fonctionnement des sociétés	Compétences culturelles	• Découvrir différentes facettes de grandes villes allemandes.
5 Découvrir des expressions artistiques et des sensibilités esthétiques		Parcours artistique • Un courant artistique viennois : *die Wiener Secession.*

KAPITEL 7

Koffer zu und ab die Reise!

Je vais apprendre à...

- comprendre quelqu'un qui parle de ses projets de voyage.
- proposer un programme d'activités en fonction du temps qu'il fait.
- comparer différentes offres de séjour.
- donner mon avis sur une destination.
- utiliser des stratégies de lecture.

Je vais découvrir...

- les destinations favorites des Allemands.
- des lieux de vacances insolites en Allemagne et en Autriche.
- un conte des frères Grimm.
- quelques principes du tourisme durable.

Unser Projekt

Discuter d'un projet de voyage

Station 1 Zusammen unterwegs

Greif zu! p. 100

1 Da wollen wir hin!

PISTE 64

a. Schau dir die Webseite an. Wohin fahren die Schüler?

b. Boris, Klara und Elias sprechen über die Schullandheime. Hör dir den Dialog an. Wer fährt wohin?

c. Schau dir jetzt die Fotos an. Welches Bild passt zu welchem Programm?

Cahier d'activités p. 70

Sprechtraining

[ç] ou [ʃ]

Cahier d'activités p. 71

PISTE 65

2 Ein Comenius-Projekt

MP3 PISTES 66-67

a. Schau dir die Europakarte an. Wohin fahren die Schüler? Wann?

b. Lies das Programm und schau dir die Videos an. Was können die Schüler in jedem Land machen?

c. Das Video für Frankreich fehlt noch. Mach eine kurze Präsentation für deine Schule.

Cahier d'activités p. 71

AUF TOUR IN EUROPA!

Unser Thema: Wasser zu jeder Jahreszeit!

Auf dem Programm:
Kanu fahren • Rafting machen • am See wandern • Wasserball spielen • segeln • rudern • tauchen • schwimmen • windsurfen • snowboarden • Ski laufen • eislaufen

Zwischenstation

Was steht auf dem Programm?

Dein Austauschpartner kommt am Wochenende zu Besuch. Schicke ihm eine Nachricht.

Stell dein ideales Programm vor, für schönes und auch für schlechtes Wetter.

Ich kann's

A2

- Je comprends quelqu'un qui parle de ses projets de voyage.
- Je peux parler de ma région et des activités que l'on peut y pratiquer.
- Je sais proposer un programme en fonction de la météo.

Schnelltest • Cahier d'activités p. 74

S1 Greif zu!

Urlaub bei jedem Wetter

1 Das Wetterspiel

MP3 PISTE 68

a. Was passt zusammen? Assoziiere.
b. Hör zu. Wie ist das Wetter in Wien, Salzburg und Graz?
c. Mach jetzt den Wetterbericht für Deutschland und für die Schweiz.

Cahier d'activités p. 72

- Es schneit.
- Es blitzt und donnert.
- Es regnet.
- Es ist sonnig.
- Es ist warm.
- Es ist windig.
- Es ist kalt.
- Es ist bewölkt.

Vokabeln

im Norden
im Westen

im Osten
im Süden

2 Ferienaktivitäten

a. Lies die Hashtags. Welche Aktivitäten werden genannt?
b. Assoziiere die Hashtags mit den Fotos.
⚠ Ein Hashtag passt nicht zu den Fotos!

Cahier d'activités p. 72

#schwimmenwasserskilaufentauchen
#skilaufensnowboardeneislaufen
#picknickenwandernpilzesuchen
#souvenirskaufeninskinogehenmuseenbesichtigen
#segelnwindsurfenbadensichsonnen

3 Mein Urlaubshit

MP3 PISTE 69

a. Hör zu. Wohin fahren die drei Personen? Warum?
b. Und du, was ist dein Urlaubshit? Cahier d'activités p. 72

England | Vereinigte Staaten | Türkei | Kroatien | Italien | Spanien

S1 Sprache aktiv

Grammatik

Mémento pp. 134, 135

1 L'opposition directif / locatif

Villes, pays et régions sans article :
- directif : Die Schüler fahren mit dem Schiff **nach** Lindau.
- locatif : Wir verbringen die Sommerferien **in** Bayern.

⚠ Noms géographiques avec article :
- directif : ***in*** + accusatif → Im Juli fliege ich **in die** Türkei.
- locatif : ***in*** + datif → Meine Cousins wohnen **in der** Türkei.

2 Exprimer une possibilité (voir p. 35)

können exprime aussi la possibilité.
In Bayern **können** wir Ski laufen.

3 Le verbe de modalité *müssen*

müssen exprime une nécessité, une obligation.

ich mussØ	wir müss**en**
du muss**t**	ihr müss**t**
er/sie/es mussØ	sie müss**en**

1 Directif ou locatif ? Indique la préposition et si nécessaire la terminaison du déterminant.

a. Wohin fährt dieser Zug? … Hamburg oder … Hannover?
b. Wo verbringt ihr die Winterferien? – … d… Sächsischen Schweiz.
c. Andrea fliegt mit ihren Eltern … d… USA.
d. Mein absoluter Traum: … Brasilien fliegen!
e. … Lindau machen wir eine Rallye durch die Altstadt.
f. Oh nein, unser Flug … Madrid hat Verspätung!

2 Complète par une forme de *können* ou de *müssen* en fonction du sens de la phrase.

a. Johanna … nicht mitkommen. Sie … einkaufen gehen.
b. Vielleicht … wir baden. Ihr … euren Badeanzug dabei haben.
c. Du … deine Turnschuhe mitnehmen. Sonst … du die Wanderung nicht machen.
d. Es regnet. Ihr … nicht Rad fahren. Wir … ein anderes Programm finden.

Cahier d'activités p. 73

Vokabelfabrik

Cahier d'activités p. 73

1 Aktivurlaub

im Winter	im Frühling	im Sommer	im Herbst
kalt sein	regnen	sonnig sein	windig sein
Ski laufen	klettern	baden	wandern
snowboarden	Rad fahren	segeln	ein Museum besichtigen
eislaufen	Rafting machen	tauchen	Pilze suchen
langlaufen	ein Picknick machen	windsurfen	ins Schwimmbad gehen

2 Wörter verstehen – Wörter bilden

a. Trouve dans le chapitre l'équivalent en allemand de ces adjectifs anglais.
windy – sunny – cold

b. Traduis ces activités en français. Que remarques-tu ?
segeln – windsurfen – wandern – eislaufen – snowboarden

c. Sur le modèle ci-dessous, forme des mots composés ou dérivés à partir de *der Regen*.

der Wind
- windig
- windsurfen → der Windsurfer
- die Windjacke, das Windrad, die Windmühle
- der Nordwind

Station 2 Auf ins Abenteuer!

Greif zu! p. 104

1 Eine Nachricht

MP3 PISTE 70

a. Hör zu. Warum ruft Tante Annika an?
b. Was bekommt Jonas?
c. Welche Aktivitäten kann Jonas vielleicht machen? Formuliere Hypothesen.

Cahier d'activités p. 75

2 Erlebniswochenende

MP3 PISTE 71

a. Lies die Katalogseiten und notiere Informationen.
b. Hör dir den Dialog an. Notiere Argumente für beide Wochenenden.
c. Und du? Welches Wochenende findest du interessanter? Vergleiche.

Beispiel: *Das Iglu im Allgäu ist origineller als das Hotel.*

Cahier d'activités p. 75

Adrenalin-Wochenende in Tirol (Österreich)

Ein Abenteuer für die ganze Familie! Sie fahren mit dem Zug nach Ötztal-Bahnhof (Tirol). Klettern Sie gern? Im Hochseilgarten können Sie viel Spaß haben. Ein Muss für Wasserfans: unsere Rafting-Tour (3 Stunden). Sportkleidung, Badeanzug und Sonnenbrille nicht vergessen! Danach können Sie sich im Hotel erholen.

Eskimo-Wochenende im Allgäu (Deutschland)

Wie leben die Eskimos? In Pfronten (Allgäu) können Sie in einem Iglu schlafen! Sie bekommen einen Schlafsack. Sie fahren zuerst mit dem Auto, dann mit der Seilbahn. Am Nachmittag können Sie wandern. Und das Abendessen? Ein Käsefondue in einer Hütte – ganz rustikal! Warme Kleidung für zwei Tage, Winterschuhe und Taschenlampe bitte dabei haben.

Sprechtraining

MP3 PISTE 72

[b] ou [p], [d] ou [t], [g] ou [k]

Cahier d'activités p. 76

3 Sommercamps

a. Bildet 3 Gruppen. Jede Gruppe liest ein Angebot und notiert Informationen (Ort, Aktivitäten, Transportmittel ...).

b. Jede Gruppe informiert die anderen über ihr Sommercamp.

Beispiel : *Gruppe 1: In Weiden können wir segeln.*

c. Welches Sommercamp gefällt dir? Warum? Vergleiche.

Cahier d'activités p. 76

SOMMERCAMPS

Natur und Tiere hautnah

369 €

Auf einem Bauernhof in Roth (Deutschland) verbringst du eine Woche mitten in der Natur. Du kannst die Tiere füttern, aber ein Freizeitprogramm gibt es auch: reiten, Brot backen und eine Radtour zum See. Und am Abend wird gegrillt! Alle fahren mit dem Minibus und schlafen auf dem Bauernhof.

Frei wie der Wind!

385 €

Bist du sportlich? Dann ist eine Woche in Weiden (Österreich) ideal für dich: Die Hauptaktivität ist natürlich der Segelkurs, aber Frisbee spielen und ein Beachvolleyballturnier gehören auch zum Programm. Am Abend organisieren wir ein Lagerfeuer am See. Du schläfst in einer Jugendherberge. Vergiss deine Badekleidung nicht!

Hast du gute Augen und Ohren?

375 €

Tauch mit uns ein in die Welt der Detektive! Mit Lupe und guten Nerven kannst du kriminalistische Fragen beantworten. Auf dem Programm steht auch eine Waldrallye. Die Detektiv-Truppe schläft auf dem Campingplatz in Wittenborn (Deutschland). Hin- und Rückfahrt mit dem Bus. Du musst nur deine Taschenlampe bei dir haben!

Vokabeln

- gemütlich / toll ≠ ungemütlich
- spannend ≠ langweilig
- anstrengend ≠ ruhig

Zwischenstation

Unser Traumurlaub

Im Sommer möchtest du mit einem Freund in Urlaub fahren.
Schüler A (Sohn / Tochter) gibt Argumente und Schüler B (Vater / Mutter) schlägt andere Reiseziele vor.

Beispiel: *Schüler A: Mama, X und ich möchten eine Reitfreizeit machen!*
Schüler B: Spinnst du? Reiten ist viel zu teuer!

Ich kann's

A2

- Je comprends quelqu'un qui fait une proposition pour les vacances.
- Je peux comparer différentes offres de séjour.
- Je sais donner mon avis sur une destination.

Schnelltest • Cahier d'activités p. 79

S2 Greif zu! Reisen, aber wie?

1 Transportmittel

Schau dir die Karte (Umschlag) an. Du bist in Rostock. Du willst nach Kiel, nach Hamburg und nach Stuttgart. Welche Transportmittel kannst du nehmen?

Beispiel: *Ich kann mit dem Zug nach ... fahren. / Ich kann den Zug nach ... nehmen.*

2 Unterkunft

MP3 PISTE 73

a. Hör dir die Szenen an. Wohin möchten die Personen?

b. Hör noch einmal zu. Notiere Adjektive für jede Unterkunft.

c. Und du? Wo würdest du gerne übernachten? Warum?

Cahier d'activités p. 77

3 Eine Touristikwebseite

Lies die Webseite und vergleiche die Unterkünfte.

Beispiel: *Das Hotel ist ruhiger als ... / so bequem wie ...*

Cahier d'activités p. 77

Unterkünfte	Bewertung			Preis
das Hotel	3 × ruhig	3 × bequem	4 × lecker	5 × teuer
der Campingplatz	2 × ruhig	1 × bequem	1 × lecker	1 × teuer
der Bauernhof	2 × ruhig	2 × bequem	3 × lecker	3 × teuer

Vokabeln

- ruhig ≠ laut
- bequem ≠ unbequem
- teuer ≠ billig
- lecker

S2 Sprache aktiv

Grammatik

Mémento pp. 133, 134

1 L'opposition directif / locatif (2)

- Lorsqu'il ne s'agit pas de noms de villes ou de pays sans article, pour indiquer le lieu où l'on va, on utilise une préposition spatiale suivie de l'accusatif.
  Wir fahren mit der Klasse **an die** Ostsee.
  Ich möchte gern **in einen** Naturpark gehen.
- Lorsque l'on veut indiquer le lieu où l'on se trouve, la préposition est suivie du datif.
  Wir bleiben eine Woche **an der** Ostsee.
  Im Juli zelten wir **auf diesem** Campingplatz.

2 La comparaison

- Le comparatif de supériorité
  Eine Jugendherberge ist **billiger als** ein Hotel.
- Le comparatif d'égalité
  Auf dem Bauernhof ist es **so ruhig wie** im Hotel.
- Le comparatif d'infériorité
  Die Jugendherberge ist **nicht so teuer wie** das Hotel.

1 Lis le programme. Indique pour chaque complément souligné s'il s'agit d'une relation directive ou locative et complète par un des éléments ci-dessous : *am, an den, auf dem, auf die, in, in, ins, im*

Am Dienstag fahren wir … Bodensee. Wir zelten … Campingplatz … Lindau. Der Campingplatz liegt direkt … See. Einmal fahren wir mit dem Schiff … schöne Insel Mainau. … Friedrichshafen wollen wir auch … Zeppelin Museum gehen. Aber Achtung! … Museum dürft ihr nicht laut sein!

2 Compare les éléments suivants en utilisant ***als, so … wie …, nicht so … wie …***

a. das Iglu (0°) / die Jugendherberge (19°) – kalt
b. der Bodensee (540 km²) / der Chiemsee (80 km²) – groß
c. in München (23°) / in Lyon (23°) – warm
d. das Hotel (75 €) / der Campingplatz (30 €) – teuer
e. Österreich (34 000 km²) / die Schweiz (41 000 km²) – klein

Cahier d'activités p. 78

Vokabelfabrik

Cahier d'activités p. 78

1 In Urlaub fahren

Womit?	Wohin?	Wo?
mit dem Fahrrad	auf den Campingplatz	auf dem Campingplatz zelten
mit dem Auto	ins Hotel	im Hotel wohnen
mit dem Bus	auf den Bauernhof	in der Jugendherberge übernachten
mit dem Zug	in die Jugendherberge	in einem Baumhaus schlafen
mit dem Flugzeug		das Wochenende an der Ostsee verbringen
mit dem Schiff		

2 Wörter bilden

reisen
- mit dem Auto reisen, nach Berlin reisen, ans Meer reisen
- die Reise(n) → eine Reise nach Dänemark machen
- der Reiseplan, das Reiseziel, der Reiseführer, das Reisebüro
- die Gruppenreise, die Rundreise, die Sommerreise

Sur ce modèle, réalise un associogramme à partir du verbe *fahren*, en réutilisant les éléments du chapitre et éventuellement d'autres mots et expressions que tu connais.

Die Bremer Stadtmusikanten

Ein Märchen der Gebrüder Grimm

ALLEIN – ZU ZWEIT - IN GRUPPEN

a. Alle Schüler lesen den Text *Auf nach Bremen!* in Einzelarbeit.

b. Vergleicht dann zu zweit eure Ergebnisse.

c. Macht in gleicher Weise weiter bis zur vierten Aufgabe.

d. Sammelt alle Lösungen an der Tafel. Schreibt Rollentexte für jede Figur.

e. Spielt die Szenen.

Die Gebrüder Grimm

Jacob Grimm (1785-1863) und sein Bruder **Wilhelm** (1786-1859) haben alte deutsche Volksmärchen gesammelt und neu geschrieben. 1812-1815 veröffentlichen sie ihre „Kinder- und Hausmärchen". Märchen wie *Hänsel und Gretel*, *Rotkäppchen* und *Schneewittchen* kennen heute alle Kinder.

1. Auf nach Bremen!

a. Schau dir das Bild an und stell Hypothesen über die zwei Figuren auf.

b. Lies den Text. Wer sind die Hauptfiguren? Was haben sie vor?

Ein Esel, der schon lange schwere Säcke trägt, ist nun zu alt und zu müde und kann nicht mehr arbeiten. Sein böser Herr will ihn nicht mehr füttern und da denkt der Esel: „Ich bleibe nicht hier, ich gehe lieber nach Bremen. Dort kann ich Musik spielen und Stadtmusikant werden!" Der Esel macht sich also auf den Weg nach Bremen.

Er trifft bald einen liegenden Hund und fragt: „Was ist los mit dir?"

Der Hund sagt: „Ich bin so alt, ich kann nicht mehr jagen! Was wird aus mir?"

Der Esel antwortet: „Komm doch mit, ich gehe nach Bremen. Dort musizieren wir zusammen!"

Der Esel und der Hund machen sich also auf den Weg nach Bremen.

3. Im Wald

a. Lies den Comic. Was sehen die Stadtmus kanten im Wald?

b. Was können sie vielleicht machen?

2. Zu viert macht's mehr Spaß

Classe

a. Hör das Hörspiel. Nenne alle Stadtmusikanten.

b. Stell Hypothesen über ihr Abenteuer auf.

VIDEO

4. Endlich zu Hause!

a. Schau dir das Bild an. Wie sehen die Räuber aus?

b. Schau dir das Video an. Was machen die Musikanten? Wie endet das Märchen?

Die Bremer Stadtmusikanten, Ferdinand Diehl, 1935, Tacker Film

Lernen zu lernen

Lesestrategien entwickeln

A) S'ORIENTER DANS UN TEXTE SIMPLE

1 Observe le document *Erlebniswochenende* (*Station 2*, p. 102). Sans lire les deux textes, relève les indices qui te permettent d'imaginer de quoi il va être question. Quels mots vas-tu peut-être rencontrer ?

TIPP Avant de lire un texte, observe tous les éléments dont tu disposes (titres, illustrations, schémas, forme du texte). Ils te donnent des indications.

2 Parcours chaque texte une première fois. L'objectif n'est pas de tout comprendre mais de repérer la thématique commune aux deux textes. Appuie-toi sur les mots que tu comprends. Est-ce que tes hypothèses étaient correctes ?

TIPP Lors de la première lecture, concentre-toi uniquement sur les mots que tu connais. En les mettant en relation, tu pourras te faire une idée globale du texte.

3 Relis une deuxième fois chaque texte. Cette fois-ci, sélectionne et classe les informations importantes (lieu, hébergement, transport, durée, activités, équipement nécessaire).

Cahier d'activités p. 80

TIPP Lors de la deuxième lecture, essaie de déduire le sens des mots inconnus : mots transparents, proximité avec l'anglais, décomposition, utilisation du contexte.

B) ATELIER « REISEBLOG »

4 **a.** Observe le document sans lire le texte. De quoi va-t-il être question à ton avis ?

b. Lis le texte une première fois. Concentre-toi sur les indices qui te permettent de préciser la thématique.

c. Relis le texte et utilise des stratégies pour déduire le sens des mots inconnus. Peux-tu localiser les informations suivantes : membres de la famille, durée du voyage et distance parcourue, pays traversés, hébergement et mode de transport, activités prévues ?

Eine Familie auf Reisen

Über uns | Unsere Reisen | Fotogalerie | Kontakt

Zwei Monate durch Europa

11. Juni • von Neele und Thomas aus Hannover • 6 Kommentare

Im Sommer geht es wieder los! Unser Ziel: Osteuropa. Mit dem Wohnmobil möchten wir etwa 5000 Kilometer durch 5 Länder fahren. Das Programm beginnt mit Polen: Da können wir Kanu fahren! Wir fahren dann über Litauen bis nach Lettland. In Riga möchten wir uns die Altstadt ansehen. Wir wollen auch den 32 km langen Ostsee-Strand von Jurmala entdecken und das Freilichtmuseum besichtigen. Auf dem Weg zurück fahren wir durch Ungarn und Österreich. Und das alles mit unserer sechsjährigen Tochter Maja und unserem kleinen Sohn Tobi (2)! ...

Im Nationalpark

Parcours citoyen

1 Die deutschen Nationalparks

a. Lies den Text. Schau dir die Karte an. Wo ist Deutschlands ältester Nationalpark?

In Deutschland gibt es **16 Nationalparks**. Es sind Gebiete, wo Natur und Umwelt besonders geschützt werden. Dort kann man auch wandern, Tiere und Pflanzen beobachten und sogar Sport treiben. Aber Regel Nr. 1 ist die Natur zu respektieren. Der älteste Nationalpark ist der Bayerische Wald. Den gibt es seit 1970. Der größte ist der Nationalpark Schleswig-Holsteinisches Wattenmeer, an der Nordseeküste.

Die deutschen Nationalparks

b. Was darf man und was darf man nicht im Nationalpark? Benutze folgende Piktogramme und Vokabeln.

Blumen pflücken | Tiere stören | wandern | markierte Wege verlassen | Feuer anzünden | reiten

Müll liegen lassen | zelten | picknicken | Hunde an der Leine führen | Rad fahren | laut sein

2 Junior Ranger

Schau dir das Video an. Was macht ein Junior Ranger?

VIDEO

Abenteuer Junior Ranger, Europarc Deutschland, 2013

AUF DEN PUNKT GEBRACHT

Dans le cadre d'un projet de classe sur le tourisme durable, tu prépares un exposé pour apporter à tes camarades des informations sur les parcs nationaux en Allemagne et sur les activités des Junior Ranger.

Unser Projekt

Vorschläge für eine Klassenfahrt machen und darüber diskutieren

Etappe 1

Bildet 4er-Gruppen. Wählt ein Reiseziel für eine Klassenfahrt aus und recherchiert im Internet:
– Aktivitäten,
– Transportmittel,
– Unterkunft.

TICE

Etappe 2

Erstellt eine Präsentation mit *Prezi* (benutzt nur Stichwörter und Fotos!) und stellt der Klasse euer Projekt vor.

Etappe 3

Macht nun eine Debatte in der Klasse. Vergleicht die Projekte: Welches Projekt ist interessanter als die anderen?

Mon bilan de compétences

Éléments du Socle commun	Programme du cycle 4	Connaissances et compétences
1 Communiquer à l'oral et à l'écrit dans une langue étrangère	Compétences langagières A2	▶ Relever les points essentiels d'un message simple : comprendre quelqu'un qui parle d'un projet de voyage. ▶ Repérer des informations simples dans un court texte descriptif : comprendre une offre de séjour. ▶ Faire des propositions : décrire les modalités d'un projet de voyage et comparer plusieurs destinations. ▶ Réagir spontanément à une proposition : discuter d'un projet de voyage pour trouver un accord. ▶ Écrire un message simple : présenter un programme d'activités selon la météo.
2 Apprendre à apprendre		• Développer des stratégies de lecteur pour s'approprier un document.
5 Découvrir des formes d'expression littéraires et artistiques	Compétences culturelles	• Développer sa créativité dans la réalisation d'un projet théâtral : un conte des frères Grimm.
3 S'ouvrir à la différence, dépasser les préjugés et réfléchir à ses propres habitudes.		Parcours citoyen • Découvrir des actions menées en Allemagne en faveur du tourisme durable.

EPI

Transition écologique et développement durable

Meine grüne Schule

Votre projet interdisciplinaire

Organiser un forum sur l'environnement au collège

En allemand, tu vas...

- découvrir des exemples d'actions conduites dans des écoles allemandes pour développer un comportement responsable vis-à-vis de l'environnement.
- faire connaître ces exemples aux élèves des autres classes.
- rédiger une charte pour promouvoir un comportement écologique et responsable dans votre collège.

Unser Projekt

En EMC, vous pourrez...

- agir individuellement et collectivement pour développer une conscience citoyenne et écologique.
- participer à la préparation et à l'animation d'un forum sur l'environnement dans votre collège.

En SVT, vous pourrez...

- prendre conscience des conséquences de certains comportements et modes de vie sur l'environnement.
- identifier des solutions de préservation ou de restauration de l'environnement et promouvoir des modes de vie qui cherchent à mieux respecter les équilibres naturels.
- participer à un forum sur l'environnement dans votre collège et développer les arguments scientifiques qui éclairent les choix à opérer en ce domaine.

Vom Garten zum Teller

1 Garten-AG

Über uns | Informationen | Schulgarten | Teich

Friedrich-Schiller Gymnasium

An die Schülerinnen und Schüler aller Klassenstufen!

Arbeitest du gern draußen in der freien Natur? Interessierst du dich für Kleintiere und Insekten? Willst du dich für die Umwelt einsetzten? Möchtest du Obst und Gemüse anbauen?
Dann bist du richtig in der Garten-AG. Hier kannst du aktiv und kreativ sein, Projekte durchführen und Unterricht anders erleben.

Wir treffen uns jeden Donnerstag in der Gartensaison von 14 Uhr 30 bis 16 Uhr. Komm mal vorbei!

Für das Schulgarten-Team,
Annette Singer

2 Was darf (nicht) auf den Kompost?

3 Saisonkalender für Obst und Gemüse

21. März – 20. Juni

FRÜHLING

Gemüse	Obst
Kartoffeln	Äpfel
Kopfsalat (ab Mai)	Bananen
Karotten (ab Juni)	Erdbeeren (ab Mai)
	Kirschen (ab Juni)

21. Juni – 20. September

SOMMER

Gemüse	Obst
Kartoffeln	Äpfel
Kopfsalat	Bananen
Karotten	Birnen
Tomaten	Erdbeeren
Wirsing	Kirschen
Zucchini	Walnüsse

SAISONKALENDER
für Obst und Gemüse

21. September – 20. Dezember

HERBST

Gemüse	Obst
Feldsalat	Äpfel
Kartoffeln	Bananen
Karotten	Birnen
Rotkohl	Orangen
Wirsing	Walnüsse

21. Dezember – 20. März

WINTER

Gemüse	Obst
Feldsalat	Äpfel
Kartoffeln	Bananen
Rotkohl	Orangen
Wirsing	

4 Bio-Woche am Gymnasium

BIO nach EG-Öko-Verordnung

Bio-Woche

„Vom 19. bis 23. Januar ist bei uns Bio-Woche", erklärt Andrea Ritter, Küchenleiterin am FSG. „Dann bieten wir unseren Schülerinnen und Schülern ein einziges Tagesmenü mit biologisch angebauten Saisonprodukten aus der Region an. Das heißt also mehr Vitamine, mehr Geschmack, aber weniger Pestizide. In unserem Schulbistro findet man in dieser Woche auch mehr Saisonobst, Milchprodukte und Vollkornbrötchen statt Schokoriegel und Gummibärchen. "

Speiseplan Bio-Woche

19.-23 Januar

Montag	Dienstag	Mittwoch	Donnerstag
Champignonsuppe	Karottensuppe	Kürbissuppe	Karotten-Maronen-Suppe
Wirsing-Roulade mit Karotten	**Rinderhackbällchen mit Paprika und Rotkohl**	**Gemüsestrudel mit Petersiliensauce und Nudeln**	**Lachsfilet* mit Dillkartoffeln Eisbergsalat**
Apfelkompott und Quark	Birnen-Streuselkuchen	Gemischter Salat Bratäpfel	Walnusstorte

Freitag: Mensa geschlossen!
Schulbistro geöffnet.

* aus nachhaltiger Fischerei

Alles klar?

a. Welche Aktivitäten kann man in der Garten-AG und im Schulgarten machen?

b. Welche Obst- und Gemüsesorten kann man am besten im Sommer essen? Und im Winter? Warum?

c. Denkt euch ein Bio-Sommermenü für die Schulkantine aus.

d. Und wie ist es in eurer Schule? Habt ihr auch Garten-AGs? Denkt über ein Projekt nach.

Wie kann unsere Schule grüner werden?

1 Öko-Projektwoche

An alle Schülerinnen und Schüler!

Unsere Öko-Projektwoche beginnt am 6. Juni. Hier unten könnt ihr euch über die verschiedenen Aktionen informieren und euch dann für ein Projekt anmelden.

Das Projektwochenteam

Projekt Nr.	Projekt	Teilnehmerzahl	Projektleitung
1	**Was kommt wo rein?** Mülltrennung in der Schule kinderleicht mit den neuen vier Mülltonnen	25	Herr Dr. Schau Justin Kahn (11b)
2	**Spielt die Umweltdetektive!** Wie umweltfreundlich ist unsere Schule?	25	Frau Möll Jana Stefan (12c)
3	**Windenergie erzeugen** Ein Windrad bauen	12	Herr Lange
4	**Ein Insektenhotel bauen**	8	Frau Singer

2 Was kommt wo rein?

3 Spielt die Umweltdetektive!

ÖKO-TEST **Wie umweltfreundlich ist eure Schule?**

1 Benutzt du Schulhefte aus 100%-Recyclingpapier?
☐ ja ☐ nein

2 Wieviel Fotokopien bekommst du ungefähr an einem Schultag? ☐

3 Wieviel Blätter Papier wirfst du ungefähr pro Tag in den Papierkorb? ☐

4 Schaltet ihr jeden Abend in der Klasse die Computer aus?
☐ ja ☐ nein

5 Ist das Licht in den Klassenräumen und auf dem Flur abends aus?
☐ ja ☐ nein

6 Wie kommst du morgens zur Schule?
☐ zu Fuß ☐ mit dem Fahrrad
☐ mit Bus, Bahn usw. ☐ mit dem Auto

7 Was nimmst du zum Trinken für die Pause mit?
☐ Getränke im Tetrapak ☐ eine Coladose
☐ eine Milchtüte ☐ eine Pfandflasche
☐ eine auswaschbare Trinkflasche

8 Und zum Essen?
☐ einen Schokoriegel ☐ Kekse
☐ ein Pausenbrot in Alufolie
☐ ein Pausenbrot in der Brotdose

4 Und dein Federmäppchen?

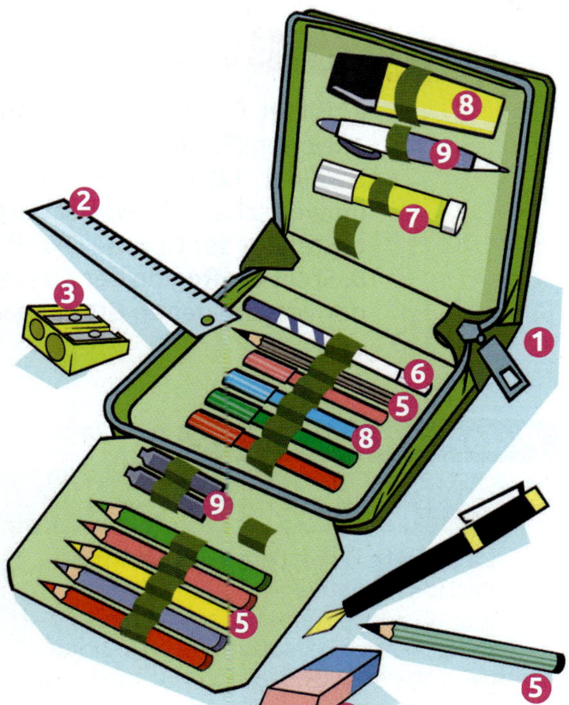

1 **Das Federmäppchen**
2 **Das Lineal** } ist aus Kunststoff.
3 **Der Spitzer**
4 **Der Radiergummi** enthält chlorhaltige Kunststoffe.
5 **Lackierte Blei- und Farbstifte** enthalten Schadstoffe.
6 **Der Tintenkiller** } enthält schädliche Lösungsmittel.
7 **Der Kleber**
8 **Filzstifte** und **Textmarker** enthalten schädliche Lösungsmittel.
9 **Tintenpatronen** und **Kugelschreiber** sind Wegwerfwaren und verursachen Müll.

Vokabeln

- der Kunststoff — *la matière plastique*
- der Schadstoff(e) — *la substance toxique*
- schädlich — *nocif*
- das Lösungsmittel(-) — *le solvant*
- enthalten — *contenir*
- Müll verursachen — *produire des déchets*

Alles klar?

a. In deiner Schule wird sicher viel Müll erzeugt. Gib Beispiele.

b. Mach den Öko-Test. Frag deine Mitschüler und vergleicht eure Antworten. Wie umweltfreundlich ist eure Schule?

c. Schau mal in dein Federmäppchen und such nach umweltschädlichen Gegenständen.

Unser Projekt

Öko-Regeln für die Klasse oder die Schule erstellen

Gymnasium Lüdinghausen

Richtig oder falsch?

1. Biologie- und Physikunterricht kann auch im Schulgarten stattfinden.
2. Orangenschalen dürfen auf den Kompost.
3. Was du in die grüne Bio-Tonne wirfst, darf auch auf den Kompost.
4. Erdbeeren isst man lieber nicht im Winter.
5. Papier kann man nur mit Holz herstellen.
6. Kauf lieber eine Schultasche aus Kunststoff. Es sieht schöner aus.

Unser Projekt

a. Bildet Gruppen und sammelt Informationen über die vorgestellten Aktionen (S. 112-115).
b. Zieht Bilanz: Was macht die Schule umweltfreundlich? Was ist umweltschädlich? Was ist eurer Meinung nach in eurer Schule realisierbar?
c. Stellt in der Gruppe Öko-Regeln für eure Schule zusammen.
d. Stellt die Regeln der Klasse vor. Anschließend könnt ihr die Vorschläge der verschiedenen Gruppen vergleichen und zusammenfassen.

Pistes de travail en SVT

Connaissances et compétences Programme de SVT – Cycle 4	Possibilités d'actions dans le cadre du projet interdisciplinaire
La planète terre, l'environnement et l'action humaine Identifier les risques liés aux activités humaines et les solutions de prévention, de protection, d'adaptation ou d'atténuation.	Réalisation de jeux, quiz, diaporamas, panneaux sur l'impact des modes de vie sur l'environnement (gaspillage énergétique, déforestation…) et sur les comportements à adopter (habitudes alimentaires, gestion des déchets, utilisation des énergies…).

Pistes de travail en EMC

Connaissances-capacités-attitudes Programme d'EMC – Cycle 4	Possibilités d'actions dans le cadre du projet interdisciplinaire
L'engagement • Comprendre le lien entre engagement et responsabilité. • Comprendre le sens et l'importance de l'engagement individuel ou collectif des citoyens dans une démocratie.	• Élaboration et exploitation d'un sondage sur les comportements au collège vis-à-vis de l'environnement. • Organisation d'actions de sensibilisation. • Organisation d'une table ronde ou d'un débat.

EPI
Langues et cultures de l'Antiquité

Römer in Germanien

Votre projet interdisciplinaire

Réaliser une exposition sur l'influence de la civilisation romaine en Europe

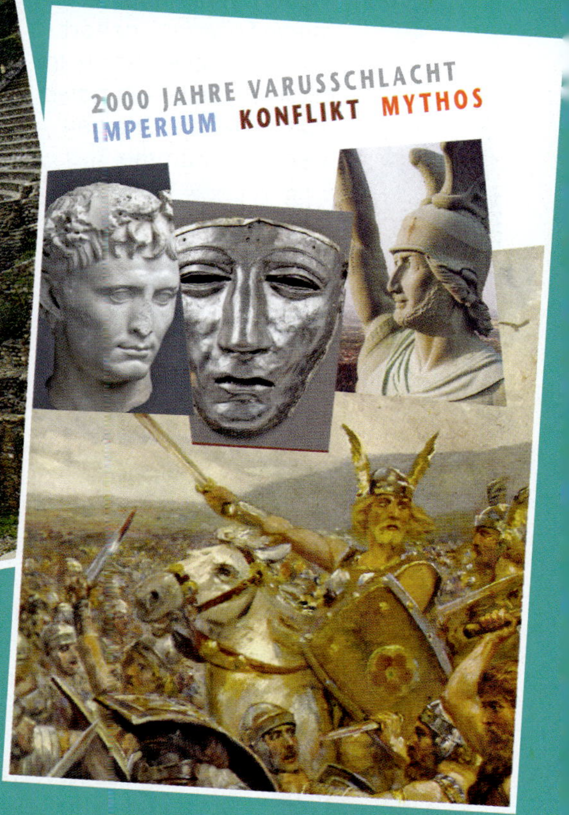

En allemand, tu vas...

- prendre conscience à partir de quelques exemples de la présence et de l'influence romaines sur les territoires qui constituent l'Allemagne actuelle et en découvrir les traces dans les villes, la culture et la langue.
- réaliser une bande dessinée sur le thème « *Römer und Germanen* ». Unser Projekt

En latin, vous pourrez...

- étudier l'influence de Rome dans le monde à l'époque de l'Empire.
- découvrir différents aspects de la société romaine et de la vie quotidienne.
- mettre en relation le système linguistique du latin avec celui des autres langues étudiées ou pratiquées.

En français, vous pourrez...

- approfondir votre réflexion sur le fonctionnement des langues et l'étymologie des mots.
- élargir l'étude de la notion héros/héroïnes et héroïsmes.

In Deutschland vor 2000 Jahren

1 Germanien im 1. Jahrhundert nach Christus

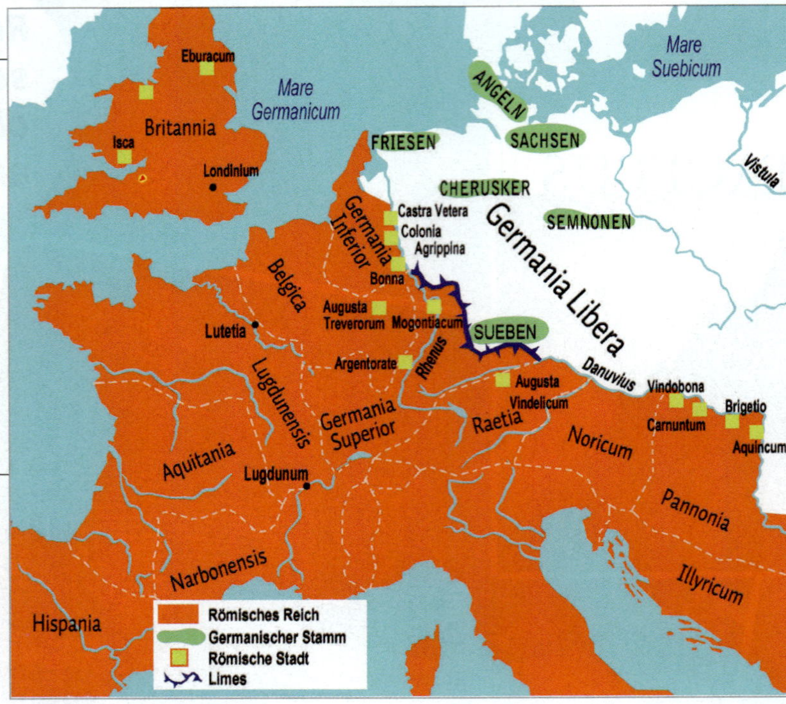

Das Römische Reich und Germanien

Vor 2 000 Jahren heißt Deutschland „Germania". Der westliche Teil – *Germania Inferior* und *Germania Superior* – gehört zum Römischen Reich. Im östlichen Teil – *Germania Libera* – leben viele germanische Stämme.

Der Limes

Der Limes ist die römische Grenze zur *Germania Libera*. Er ist 550 km lang und besteht aus Palisaden und 900 Türmen. So können die Römer den Warentransport und den Personenverkehr kontrollieren.

Teil des Limes bei Taunusstein-Neuhof – Rekonstruktion

Arminius

Als Chef germanischer Truppen siegt[1] der Cherusker Arminius im Jahre 9 nach Christus bei Osnabrück über die Legionen von Varus und stoppt die römische Expansion in die *Germania Libera*. So entsteht der Mythos von Arminius, dem germanischen Helden.

1. *vaincre*

Hermannsdenkmal im Teutoburger Wald (1875)

2 Augusta Treverorum, eine römische Stadt

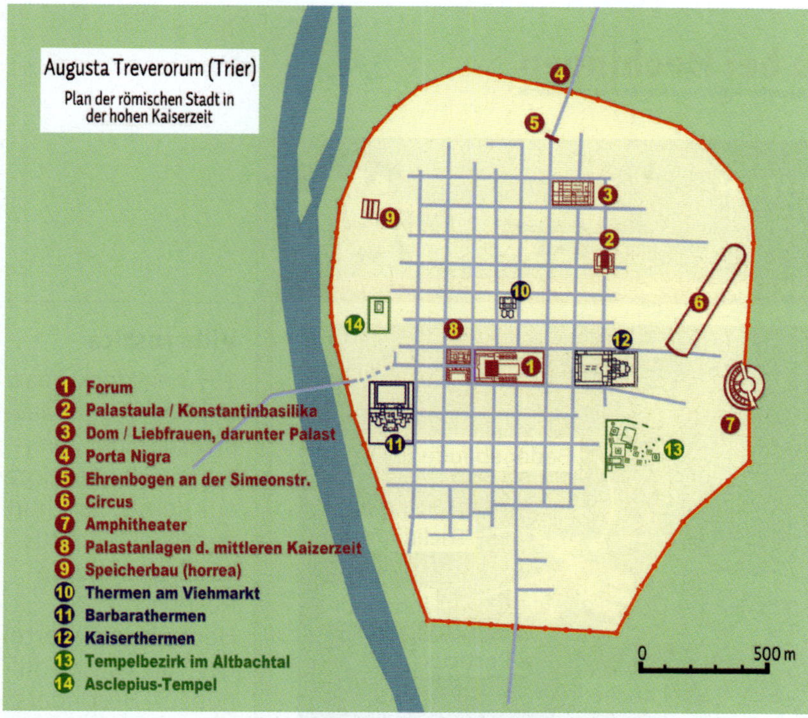

Stadtplan Augusta Treverorum in der römischen Kaiserzeit

Augusta Treverorum

Trier ist die älteste Stadt Deutschlands. Im Jahre 16 vor Christus wird sie als Augusta Treverorum nach römischem Modell von Kaiser Augustus gegründet. Die Porta Nigra, die es heute noch gibt, ist ein Rest der alten Stadtmauer. Man kann auch die Thermen, die Konstantinbasilika und die Ruinen des Amphitheaters sehen.

Porta Nigra, Trier

Thermen, Trier

Alles klar?

a. Sieh dir die Deutschlandkarte im Buch an. Vergleiche die Namen der Länder und Städte im Römischen Reich und im heutigen Westeuropa.

b. Zeichne die Kontur der aktuellen Karte auf ein Blatt Papier und markiere den Verlauf des Limes. Was stellst du fest?

c. Wer ist Varus? Und Arminius?

d. Schau dir den Plan von Augusta Treverorum an. Welche Gebäude aus der Römerzeit sind noch zu sehen? Welche sind verschwunden?

Alltagsleben

1 Die Villa rustica bei Hechingen

Villa rustica

1973 entdeckt man bei Hechingen Mauerreste einer römischen villae rusticae aus dem 1. Jahrhundert nach Christus. 1985 beginnt die Rekonstruktion. Heute ist ein Viertel der Villa wieder aufgebaut. Besonders interessant sind der Porticus, der überdachte Innenhof und das Speisezimmer (*triclinium*).

2 Ein römisches Haus

Wörter gestern und heute

Latein	Deutsch	Englisch	Französisch
vinum	Wein	wine	vin
murus	Mauer		mur
fenestra	Fenster		fenêtre
cellarium	Keller	cellar	cellier
caminus	Kamin	chimney	cheminée
tegula	Ziegel	tile	tuile
scutella	Schüssel	scuttle	
coquere	kochen	cook	cuire

3 Die Germanen

Tacitus' Darstellung von Germanien

Im Jahre 98 nach Christus veröffentlicht Tacitus seine Schrift *De origine et situ Germanorum* (*Über den Ursprung und die Gebiete der Germanen*). Für ihn sind die Germanen aufrichtige[1] Naturmenschen mit blauen Augen und roten Haaren, mutige Kämpfer[2] und Krieger, gute Ehemänner und Väter, und er vergleicht ihr einfaches und moralisches Leben mit dem dekadenten Leben der Römer.

Er beschreibt aber Germanien als ein armes Land, mit einem unfreundlichen Klima und ohne natürliche Reichtümer[3]. Tacitus schreibt, die Germanen arbeiten wenig, führen ein sorgloses[4] Leben, feiern gern, spielen Würfel[5] und trinken viel Bier.

1. *honnête* 2. *le combattant* 3. *les richesses* 4. *insouciant* 5. *le dé*

laboris atque operum non eadem patientia, minimeque sitim aestumque tolerare, frigora atque inediam caelo solove adsueverunt.

Tacitus, *De Germania*, I,4.

Le corps incapable d'un long travail, supportant avec peine la soif et la chaleur, et plus facilement le froid et la faim, en raison du climat et du sol.

4 Ein germanisches Haus

Modell eines germanischen Hauses, Gustav-Lübcke-Museum, Hamm

Alles klar?

a. Vergleiche das Leben der Germanen mit dem Leben der Römer (Haus, Kleidung, Aktivitäten ...).

b. Suche nach Spuren der römischen Kultur im heutigen Deutschland und in der deutschen Sprache.

c. Schau dir Seite 120 einige Wörter an, die aus dem Lateinischen kommen. Was für Wörter sind das?

Unser Projekt

Einen Comic zum Thema „Römer und Germanen" erstellen

Richtig oder falsch?

1. Arminius ist der Kaiser Germaniens.
2. In Augusta Treverorum leben nur Römer.
3. Mit dem Limes wollen die Römer die germanische Expansion nach Westen stoppen.
4. Kein Germane darf den Limes passieren.
5. Die Römer und die Germanen tauschen Waren.
6. Nach Arminius' Sieg müssen die Römer Germanien verlassen.

Unser Projekt

a. Bildet Gruppen und sammelt Informationen über Orte und Menschen in Germanien und im Römischen Reich.
b. Überlegt euch die Aspekte, die ihr illustrieren möchtet: Alltagsleben, Freundschaften, Konflikte, Unterschiede … Ihr könnt auch lustige Situationen erfinden.
c. Schreibt das Storyboard: Ort(e), Personen, Handlung.
d. Zeichnet die Bilder und schreibt die passenden Dialoge.

Pistes de travail en latin

Connaissances et compétences	Possibilités d'actions dans le cadre du projet interdisciplinaire
• L'Empire romain au temps d'Auguste : *imperium, pax romana, colonia, limes*. • La ville, les campagnes, l'habitat. • Le système des cas. • La formation des mots à partir du latin.	• Réalisation de cartes, de panneaux, d'une maquette. • Élaboration d'un quiz.

Pistes de travail en français

Connaissances et compétences Programme de français – Cycle 4	Possibilités d'actions dans le cadre du projet interdisciplinaire
• Thème « héros/héroïnes et héroïsmes » • Réflexion sur le fonctionnement de la langue et sur l'étymologie des mots.	Réalisation de panneaux, élaboration d'un lexique et d'une grammaire interlangues.

Weihnachten

Ab dem 1. Dezember öffnen die Kinder jeden Tag ein Türchen am Adventskalender.

Adventskranz und Adventskalender

Vier Wochen vor Weihnachten beginnt die Adventszeit. Man stellt dann einen Adventskranz mit vier Kerzen auf. Jeden Sonntag zündet man eine Kerze mehr an.

Advent, Advent,
ein Lichtlein brennt.
Erst eins, dann zwei,
dann drei, dann vier,
dann steht das Christkind
vor der Tür.

Weihnachtsmarkt

In der Adventszeit (vom 1. bis zum 24. Dezember) ist immer viel los! In der Weihnachtszeit gehen alle auf den Weihnachtsmarkt. Man kann dort Glühwein oder Apfelpunsch trinken und Lebkuchen, Schokolade oder Waffeln essen. An den Ständen gibt es Weihnachtsdekorationen zu kaufen: Christbaumkugeln, Girlanden und Kerzen.
Man findet auch Ideen für Weihnachtsgeschenke.

Mandelplätzchen

Zutaten
150 g Butter
125 g Zucker
125 g gemahlene Mandeln
200 g Mehl
1 Teelöffel Backpulver

Zubereitung
1. Alle Zutaten mischen und zu einem Teig[1] rühren.
2. Den Teig 60 Minuten im Kühlschrank ruhen lassen.
3. Den Teig ausrollen[2] und Sterne ausstechen[3].
4. Die Plätzchen 10 Minuten bei 200 Grad backen[4].

1. *pâte* **2.** *étaler* **3.** *découper* **4.** *faire cuire au four*

Ein Rezept

Sankt Nikolaus

Der Nikolaus kommt am 6. Dezember und bringt Geschenke und Süßigkeiten mit, aber nur für brave Kinder ...

VIDEO

Weihnachtsstern, Bastelmania, 2012

Bastle deinen Weihnachtsstern!

Weihnachtslieder

O Tannenbaum

O Tannenbaum, O Tannenbaum,
Wie treu sind deine Blätter!
Du grünst nicht nur zur Sommerszeit,
Nein, auch im Winter, wenn es schneit.
O Tannenbaum, O Tannenbaum,
Wie grün sind deine Blätter!

O Tannenbaum, O Tannenbaum,
Du kannst mir sehr gefallen!
Wie oft hat nicht zur Weihnachtszeit
Ein Baum von dir mich hoch erfreut!
O Tannenbaum, O Tannenbaum,
Du kannst mir sehr gefallen!

Kling, Glöckchen

Kling, Glöckchen, klingelingeling,
Kling, Glöckchen, kling!
Lasst mich ein, ihr Kinder,
Ist so kalt der Winter,
Öffnet mir die Türen,
Lasst mich nicht erfrieren!
Kling, Glöckchen, klingelingeling,
kling, Glöckchen, kling!

IN GRUPPEN

Bildet Gruppen und organisiert eine Weihnachtsquiz-Sendung.

a. Singt ein Weihnachtslied für den Vorspann.

b. Benutzt alle Bilder und Texte und denkt euch Fragen über Weihnachten aus. Schreibt sie auf Karteikarten für den/die Moderator(in).

c. Findet einen Moderator oder eine Moderatorin. Er oder sie stellt den anderen Schülern Fragen. Die Kandidaten bekommen einen Punkt für jede richtige Antwort.

d. Ihr könnt Plätzchen für die Gewinner backen.

Karneval

Karneval feiert man in vielen Regionen in Deutschland. Aber dieses Fest spielt auch in der Schweiz und in Österreich eine Rolle.

Rosenmontagsumzug in Mainz

Karneval im Rheinland

Die Karnevalszeit beginnt offiziell am 11.11. um 11 Uhr 11 und endet am Aschermittwoch. In Köln und in Mainz findet am Rosenmontag ein großer Umzug statt. Die Stadt ist voll von verkleideten Karnevalisten.

Zum Karneval sagt man in München Fasching. Am Weiberfasching am Donnerstag dürfen die Frauen den Männern die Krawatte abschneiden. In der Stadt gibt es jeden Abend große Bälle.

Donnerstag	Sonntag	Montag	Dienstag	Mittwoch
der schmutzige Donnerstag, der Weiberfasching, die Weiberfastnacht	der Tulpensonntag	der Rosenmontag	der Fastnachtsdienstag, der Faschingsdienstag	der Aschermittwoch

Die Basler Fastnacht (oder *Fasnacht*) nennt man auch „die drey scheenschten Dääg“ (die drei schönsten Tage), weil sie 72 Stunden dauert. In Basel trägt jeder *Fasnachtler* ein Kostüm mit einer „Larve“ (Maske). Bei den Cortèges spielen Cliquen Tambour und Flöte.

In Rottweil, der ältesten Stadt Baden-Württembergs, beginnt die Fasnet (der Fasching) offiziell am Dreikönigstag, dem 6. Januar. Am Fasnachtsmontag und -dienstag gibt ein Glockenschlag das Signal für den Narrensprung: Hinter den Reitern und der Musikkapelle in historischer Tracht ziehen die Narren durch die historische Altstadt.

IN GRUPPEN

Bildet Gruppen und erstellt eine Karnevalskarte.

a. Benutzt die Karte im Buch und zeichnet ihre Kontur auf ein Blatt Papier.

b. Markiert dann alle genannten Städte auf der Karte. Benutzt dafür verschiedene Farben (je eine für Karneval, Fasching ...).

c. Illustriert eure Karte mit typischen Kostümen.

d. Ihr könnt auch eine große Karte mit Collagen für das Klassenzimmer erstellen.

Mémento grammatical

1 La structure de base de l'allemand

La structure de base de l'allemand fonctionne à l'inverse du français : l'élément le plus important se trouve en dernière position et l'élément qui le détermine vient se placer à sa gauche.

→ *nach Berlin **fahren***

aller à Berlin

Cette structure, fondamentale en allemand, se retrouve dans le groupe infinitif, la proposition subordonnée, les noms composés, les nombres et l'expression de l'heure.

1 Le groupe infinitif

Le verbe à l'infinitif (le noyau du groupe) porte l'information principale et se trouve donc en dernière position. Les éléments qui apportent des précisions supplémentaires se placent à gauche de l'infinitif.

→ *mit dem Fahrrad zur Schule **fahren***
aller à l'école à vélo

→ *ins Kino **gehen wollen***
vouloir aller au cinéma

2 La proposition subordonnée

Dans la proposition subordonnée, le verbe reste en dernière position, comme dans le groupe infinitif. Mais il est conjugué et s'accorde avec le sujet.

Groupe infinitif

→ *zu teuer **sein***

Proposition subordonnée

→ *Emilia kauft die Uhr nicht, weil sie zu teuer **ist**.*

3 Les noms composés

• Dans les noms composés, le nom portant l'information la plus importante est en dernière place. Il est précédé par le ou les éléments qui le déterminent. Il donne son genre au nom composé, mais c'est le premier élément qui porte l'accent de mot.

→ *der Sportlehrer / die Sportlehrerin*

• On accentue *Sport*, car c'est l'élément qui précise de quel professeur il s'agit (*der Sportlehrer* et non pas *der Deutschlehrer*).

⚠ La traduction de ces mots en français n'est pas toujours automatique.

→ *der Klassenlehrer* (le professeur principal)

⚠ À noter, dans certains noms composés, la présence d'un « s » de jonction.

→ *der Weihnacht**s**markt*

→ *mein Lieblings**s**port*

4 Les nombres

De 13 à 99, la dizaine constitue l'élément de base. L'unité vient s'ajouter à gauche de la dizaine.

→ *fünfund**zwanzig*** (5 + 20)

vingt-cinq (20 + 5)

5 L'heure

L'heure pleine constitue l'élément de base.

→ *Es ist **zwei** (Uhr).*

→ *Es ist fünf nach **zwei**.* (cinq minutes après deux heures)

→ *Es ist Viertel vor **zwei**.* (un quart d'heure avant deux heures)

→ *Es ist halb **zwei**.* (la demie de deux heures, donc une heure et demie)

2 L'organisation de la phrase

1 La place du verbe conjugué

• Dans la phrase simple, le **verbe** n'est plus en dernière position, comme dans le groupe infinitif ou dans la subordonnée. Il occupe la **première** ou la **deuxième position**, selon le type d'énoncé.

	Verbe en première place
L'interrogative globale	→ ***Wohnt** dein Bruder auch in Berlin?* (V1)
La phrase à l'impératif	→ ***Nimm** doch dieses Kleid mit!* (V1)

	Verbe en deuxième place
L'interrogative partielle	→ *Was **macht** Philipp nach dem Frühstück?* (V2)
La phrase déclarative	→ *Das Mädchen **findet** die Bluse total hässlich.* (V2)

⚠ Par rapport au groupe infinitif ou à la subordonnée, seul le verbe conjugué se déplace en 1re ou 2e position. Les autres éléments, y compris les préverbes séparables, ne changent pas de place.

Groupe infinitif	*mit dem Fahrrad zur Schule **fahren***	*ins Kino gehen **wollen***	*das T-Shirt **mitnehmen***
Interrogative globale	***Fährst** du mit dem Fahrrad zur Schule?* V1	***Willst** du ins Kino gehen?* V1	***Nimmst** du das T-Shirt **mit**?* V1
Déclarative	*Julian **fährt** mit dem Fahrrad zur Schule.* V2	*Lea **will** ins Kino gehen.* V2	*Felix **nimmt** das T-Shirt **mit**.* V2

• Dans la **phrase déclarative**, le verbe conjugué occupe la **2e position**, c'est-à-dire qu'il est le deuxième élément de la phrase. La 1re place peut-être occupée par le groupe sujet ou par un groupe complément.

1er élément	Verbe conjugué en 2e position	Autres éléments de la phrase
Das Mädchen (sujet)	***möchte***	*heute Nachmittag ins Kino gehen.*
Heute Nachmittag (complément de temps)	***möchte***	*das Mädchen ins Kino gehen.*
Auf dem Flohmarkt (complément de lieu)	***findet***	*Emilia immer tolle Sachen.*
Die Hausaufgaben (complément d'objet)	***mache***	*ich nach dem Abendessen.*
Mit dem Fahrrad (complément de moyen)	***bist***	*du in einer Viertelstunde in der Schule.*

⚠ Certains éléments ne comptent pas comme premier élément, ce sont par exemple les conjonctions de coordination *und, aber, oder,* ainsi que *ja* et *nein.*

→ *Ja, ich komme gern mit, aber ich habe kein Geld.*

2 L'interrogative partielle

L'interrogative partielle, comme son nom l'indique, porte sur une partie de la phrase. Elle est introduite par un mot interrogatif en *w-*.

Les principaux mots interrogatifs

Exemple	La question porte sur	Traduction
Wer *kommt mit?*	la personne sujet	Qui vient avec nous ?
Wen *rufst du an?*	la personne complément à l'accusatif	Qui appelles-tu ?
Wo *wohnst du?*	le lieu où l'on est	Où habites-tu ?
Wohin *fährt er?*	le lieu où l'on va	Où va-t-il ?
Woher *kommst du?*	le lieu d'où l'on vient	D'où viens-tu ?
Was *machst du heute Nachmittag?*	le sujet ou complément d'objet (chose ou événement)	Qu'est-ce que tu fais cet après-midi ?
Wann *hast du morgen Schule?*	le temps	Quand as-tu école demain ?
Wie *machst du das?*	le moyen, la manière	Comment fais-tu ?
Warum *bist du so genervt?*	la cause	Pourquoi es-tu si énervé ?

On forme également des composés avec *wie*, comme en anglais.

→ ***Wie alt*** *bist du?*
Quel âge as-tu ? (*How old?*)

→ ***Wie viele*** *Schüler sind in der Klasse?*
Combien d'élèves y a-t-il dans la classe ? (*How many?*)

→ ***Um wie viel*** *Uhr kommst du morgen?*
À quelle heure viens-tu demain ? (*At what time?*)

3 La négation avec *nicht*

Nicht se place devant les éléments que l'on veut nier. Quel que soit le type de phrase, il conserve la place qu'il occupe dans le groupe infinitif.

Groupe infinitif → ***nicht*** *mit dem Fahrrad zur Schule fahren* ***können***

Subordonnée → *Julian ist genervt, weil er heute* ***nicht*** *mit dem Fahrrad zur Schule fahren* ***kann****.*

Déclarative → *Julian* ***kann*** *heute* ***nicht*** *mit dem Fahrrad zur Schule fahren.*

⚠ Pour nier un groupe indéfini, on utilise *kein* (voir p. 131).

4 La subordonnée

Une subordonnée conjonctive ne peut pas fonctionner seule. Elle dépend d'un autre groupe, appelé proposition principale.
Elle est introduite par une conjonction de subordination et le verbe conjugué reste en dernière place, c'est-à-dire à la place qu'occupe le verbe dans le groupe infinitif.
Les deux propositions (principale et subordonnée) forment une phrase complexe et sont séparées par une virgule.
Une subordonnée introduite par la conjonction de subordination *weil* exprime la cause :

→ *Ich muss arbeiten,* ***weil*** *wir morgen eine Klassenarbeit* ***schreiben****.*

3 Le groupe nominal

L'élément essentiel d'un groupe nominal est le nom. Ce groupe peut être constitué d'un nom seul.

→ *Musik* dans *Ich mag Musik.*

Mais le plus souvent, il comporte plusieurs éléments, en particulier un déterminant.

→ *der Direktor, mein Lieblingssport*

Le nom peut aussi être déterminé par un adjectif ou par un nom au génitif saxon (voir p. 132).

→ *die* ***neue*** *Schülerin*

→ ***Julias*** *Bruder*

Il peut également être suivi d'un complément.

→ *der Bruder* ***von Julia***

→ *das Mädchen* ***aus Wien***

Un groupe ainsi formé peut être remplacé par un pronom.

→ *Julias Bruder* / *Der Bruder von Julia* } *heißt Tim.*
→ *Er*

En allemand, le nom prend toujours une majuscule.

1 Les trois genres

L'allemand possède trois genres : le masculin (***der***), le féminin (***die***) et le neutre (***das***).

⚠ Les genres des noms allemands ne correspondent pas toujours à ceux des noms français.

→ ***der*** *Tisch* (la table) → ***die*** *Sonne* (le soleil)

Le neutre pourra aussi bien correspondre à un féminin qu'à un masculin français.

→ ***das*** Mädchen (la jeune fille)

→ ***das*** *Wetter* (le temps)

2 Le pluriel

Au pluriel, on ne fait plus la distinction entre les genres et il n'y a qu'une seule forme pour les trois genres, ***die***.

→ *Die Männer* / *Die Kinder* / *Die Freundinnen* } *spielen Tennis.*

Sie

En français, on utilise essentiellement un « s » pour marquer le pluriel d'un nom, mais l'allemand possède de nombreuses marques de pluriel. Quand on apprend un nom, il faut donc l'apprendre avec son genre et son pluriel.

On présente toujours un nom sous la forme d'un groupe nominal au singulier avec :
– un article défini au nominatif qui nous indique le genre de ce nom,
– la marque du pluriel.

→ *der Mann(¨er)* nous indique que *Mann* est masculin et que son pluriel est *die Männer*.

→ *der Bruder(¨)* → masculin, pluriel *die Brüder*

→ *das Mädchen(-)* → neutre, pluriel *die Mädchen* (inchangé)

→ *das Kind(er)* → neutre, pluriel *die Kinder*

→ *die Farbe(n)* → féminin, pluriel *die Farben*

3 Les déterminants

a. L'article défini (*der, die, das*)

L'article défini s'emploie quand l'élément dont on parle est déjà connu ou identifié.

→ *die Stadt* (la ville dont je parle et non pas une ville parmi d'autres)

b. L'article indéfini (*ein, eine*)

On emploie l'article indéfini pour désigner des éléments indéterminés, que l'on ne connaît pas ou que l'on n'identifie pas avec précision.

→ *Ich höre* ***ein Telefon***. (On ne sait pas précisément de quel téléphone il s'agit.)

⚠ Au pluriel, un groupe indéfini s'emploie sans article, là où le français utilise l'article « des ».

→ *Ich kaufe* ***ein Buch***. (un livre)
Ich kaufe ***Bücher***. (des livres)

c. La forme négative (*kein*)

• Pour nier un groupe indéfini singulier ou pluriel (*ein Buch, Ø Bücher*), on emploie la forme négative **kein**. *Kein* prend les mêmes terminaisons que *ein* / *eine*.

→ *Ich habe* ***kein Buch***. (singulier)

→ *Ich habe* ***keine Bücher***. (pluriel)

• *Kein* sert également à nier les éléments que l'on ne peut pas dénombrer : le groupe partitif (du chocolat, de l'eau minérale…) et les expressions sans déterminant telles que *Geld, Zeit haben*.

→ *Ich möchte* ***keine*** *Schokolade.*

→ *Ich trinke* ***keinen*** *Kaffee.*

→ *Ich habe* ***kein*** *Geld* ***/ keine*** *Zeit.*

	Forme affirmative	Forme négative
Groupes indéfinis singulier (masc., n., fém.)	einen Freund / ein Auto / eine Krawatte } haben	keinen Freund / kein Auto / keine Krawatte } haben
Groupes indéfinis pluriel (sans distinction de genre)	Ø Krawatten haben	keine Krawatten haben
Groupes partitifs (masc., n., fém.)	Ø Kaffee / Ø Fleisch / Ø Schokolade } mögen	keinen Kaffee / kein Fleisch / keine Schokolade } mögen

d. Le déterminant possessif (*mein*)

Le déterminant possessif prend la même terminaison (marque de genre, de nombre et de cas) que l'article indéfini.

→ *ein Freund* → *mein Freund*

→ *eine Gitarre* → *meine Gitarre*

Le choix du déterminant dépend du possesseur.

Possesseur	Pronom personnel	Déterminant possessif
1re pers. du singulier	ich	**mein** Bruder
2e pers. du singulier	du	**dein** Bruder
3e pers. du singulier	er (masculin) / es (neutre)	**sein** Bruder
	sie (féminin)	**ihr** Bruder
1re pers. du pluriel	wir	**unser** Bruder
2e pers. du pluriel	ihr	**euer** Bruder **eure** Schwester
3e pers. du pluriel	sie	**ihr** Bruder
forme de politesse	**S**ie	**I**hr Bruder

Comme en anglais, à la 3e personne du singulier, le possessif varie selon le genre du possesseur.

- Possesseur masculin ou neutre :

→ *Das ist **Finn. Sein** Bruder heißt Fabian.* (*his brother*)

- Possesseur féminin :

→ *Das ist **Julia. Ihr** Bruder heißt Tim. (her brother)*

Pour choisir le déterminant possessif qui convient :

- On doit d'abord se demander qui est le possesseur.

→ *Finn → **sein*** → *Julia → **ihr***
→ *du → **dein*** → *wir → **unser***

- On ajoute ensuite la terminaison en fonction du genre, du nombre et du cas du nom qui suit.

→ *Lukas ruft sein**e** Mutter an.*
→ *Findest du dein**Ø** Handy?*
→ *Julia ruft ihr**en** Bruder an.*

e. Le génitif saxon

Pour exprimer l'appartenance, l'allemand utilise aussi le génitif saxon. Il s'emploie avec un nom propre. Le nom propre prend un « s » à la fin et il joue le rôle du déterminant. → *Julia**s** Bruder heißt Tim.*

Lorsque le nom propre se termine déjà par « s », « ß » ou « x », on utilise uniquement l'apostrophe.

→ *Lukas**'** Schwester heißt Laura.*

La construction est identique en anglais, mais la marque de l'appartenance est légèrement différente.

→ *Jake**'s** sister*

On peut aussi exprimer l'appartenance avec la préposition *von*. → *Der Bruder von Julia heißt Tim.*

f. Autres déterminants

- Le démonstratif *dieser*, *dieses*, *diese* (ce, cette) se décline comme *der*, *die*, *das*.

→ *Dieses Mädchen heißt Julia.* (Cette fille s'appelle Julia.)

- Les quantificateurs *jeder* (chaque) et *alle* (tous) se déclinent comme *der*, *die*, *das*.

→ *Jeden Sonntag* (chaque dimanche, tous les dimanches)
→ *An alle Schüler aus der 8a.* (À tous les élèves de 8e a.)

- *Viele* (beaucoup de), *einige* (quelques), *wenige* (peu de) s'emploient principalement au pluriel.

→ *viele große Städte*
→ *nur wenige Schüler*

- L'interrogatif *welcher*, *welches*, *welche* (lequel, laquelle) permet d'identifier un objet ou une personne. Il se décline comme *der*, *die*, *das*.

→ *Welches Kleid nimmst du?*

4 Les cas

L'allemand possède quatre cas : le nominatif, l'accusatif, le datif et le génitif. Nous ne présenterons ci-dessous que les trois cas les plus utilisés.
Chaque cas correspond à une fonction du groupe nominal. La terminaison portée le plus souvent par le déterminant est la marque du genre, du nombre et du cas du groupe nominal. Elle est en quelque sorte une étiquette qui fournit des informations sur le groupe nominal.

a. Le nominatif

Le nominatif correspond à la fonction sujet ou attribut du sujet.

→ *Der Unterricht beginnt um 8 Uhr.* (*Der Unterricht* : sujet)

→ *Jasmin ist meine Schwester.* (*meine Schwester* : attribut du sujet)

b. L'accusatif

L'accusatif est essentiellement le cas du complément d'objet du verbe (qui répond à la question *was?* ou *wen?*). Seul le masculin a une forme différente au nominatif et à l'accusatif : il prend la marque *-n* à l'accusatif (voir tableau 6).

→ *Ich muss eine**n** Rock kaufen.*

c. Le datif

Le datif correspond à deux types de compléments.

- Certains verbes sont suivis d'un complément d'objet au datif : *helfen*, *danken*, *gratulieren*… Ce complément désigne généralement le « bénéficiaire » d'une action.

→ *Jonathan hilft seiner Schwester.*
→ *Das Mädchen dankt dem Bruder.*

- Par ailleurs, de nombreux verbes peuvent être suivis d'un complément à l'accusatif qui désigne l'objet transmis et d'un complément au datif qui désigne le bénéficiaire ou le destinataire. (On l'appelle aussi « complément d'objet second ».)

→ *Herr Kaufmann gibt seinem Sohn die Flasche.* (*seinem Sohn* : ct datif ; *die Flasche* : ct accusatif)

- Les marques du datif sont *-m* au masculin et au neutre, *-r* au féminin. Au pluriel, la marque est double : le déterminant prend la terminaison *-n* et on ajoute également *-n* au nom.

Masculin / Neutre	*Alle gratulieren de**m** Geburtstagskind.*
Féminin	*Felix hilft seine**r** Mutter.*
Pluriel	*Der Onkel hilft de**n** Kinder**n**.*

5 Les pronoms personnels

• Les pronoms personnels de la **3e personne** servent à remplacer des groupes nominaux. Ils se déclinent comme le groupe nominal et portent la marque de genre, de nombre et de cas (voir tableau 6).

➜ *Kaufst du d**ie** Uhr? Nein, **sie** ist zu teuer.*

➜ *Nimmst du de**n** Rock mit? Nein, ich mag **ihn** nicht.*

• À la **1re** et à la **2e personne**, les pronoms personnels désignent la ou les personnes qui parlent ou auxquelles on s'adresse.

⚠ À la forme de politesse, on utilise les pronoms de la 3e personne du pluriel avec une majuscule.

		Nominatif	Accusatif	Datif
Singulier	1re personne	**ich**	**mich**	**mir**
	2e personne	**du**	**dich**	**dir**
Pluriel	1re personne	**wir**	**uns**	**uns**
	2e personne	**ihr**	**euch**	**euch**
Forme de politesse		**Sie**	**Sie**	**Ihnen**

6 Récapitulatif : la déclinaison du groupe nominal

<table>
<tr><th></th><th>Nominatif</th><th>Accusatif</th><th>Datif</th></tr>
<tr><td>Masculin</td><td>der Freund
einØ Freund
er</td><td>den Freund
einen Freund
ihn</td><td>dem Freund
einem Freund
ihm</td></tr>
<tr><td>Neutre</td><td colspan="2">das Kind
einØ Kind
es</td><td>dem Kind
einem Kind
ihm</td></tr>
<tr><td>Féminin</td><td colspan="2">die Freundin
eine Freundin
sie</td><td>der Freundin
einer Freundin
ihr</td></tr>
<tr><td>Pluriel</td><td colspan="2">die Freunde
Ø Freunde
sie</td><td>den Freunden
Ø Freunden
ihnen</td></tr>
</table>

4 Les degrés de l'adjectif : le comparatif

• Comparatif d'égalité :

➜ *Du bist **so groß wie** ich.*

• Comparatif d'**infériorité** :

➜ *Du bist **nicht so groß wie** ich.*

La comparaison d'égalité ou d'**infériorité** est introduite par la conjonction ***wie.***

⚠ Dans ces deux exemples, *ich* est au nominatif, car il est sujet sous-entendu de *groß sein*.

• Comparatif de **supériorité (degré 1 de l'adjectif)** :
On le forme en ajoutant ***–er*** à l'adjectif. La comparaison est introduite par la conjonction ***als***.

➜ *In der Jugendherberge ist es **billiger als** im Hotel.*

➜ *Dein Bruder ist **kleiner** als du.*

⚠ Certains adjectifs prennent l'inflexion (*Umlaut*) :

*alt → **älter***

De même : *groß, stark, jung, kalt, warm, lang, nah, kurz…*

⚠ Certaines formes sont irrégulières :

*dunkel → **dunkler***	*gut → **besser***
*teuer → **teurer***	*gern → **lieber***
*hoch → **höher***	*viel → **mehr***

➜ *Die Schnitzel schmecken **besser als** die Hamburger.*

➜ *Ich bleibe **lieber** zu Hause.*

➜ *Mein kleiner Bruder isst **mehr als** ich.*

5 Le groupe prépositionnel

C'est un groupe constitué d'une préposition suivie le plus souvent d'un groupe nominal ou d'un pronom, parfois d'un mot invariable.

→ *mit dem Großvater* → *mit ihm*
→ *mit dir* → *nach rechts*

Le groupe nominal ou le pronom se mettent au cas exigé par la préposition. Il faut donc apprendre la préposition avec le cas qu'elle exige.

1 Prépositions suivies de l'accusatif

- ***für*** (pour) → *Ich suche ein Geschenk **für** meinen Vater.*
- ***gegen*** (contre) → *Dortmund spielt **gegen** den FC Bayern.*
- ***durch*** (à travers) → *Wir laufen zuerst **durch** den Park.*
- ***ohne*** (sans) → *Das kann ich **ohne** Salz nicht essen.*

2 Prépositions suivies du datif

- ***mit*** (avec) → *Wir fahren **mit** dem Bus.*
- ***von*** (de) → *Das ist ein Geschenk **von** meiner Tante.*
- ***aus*** (origine, provenance) → *Meine Familie kommt **aus** der Schweiz.*
- ***zu*** (vers, à) → *Wir gehen **zur** Schule.*
- ***bei*** (chez, près de) → *Ich esse **bei** meiner Oma.*
- ***nach*** (direction, après) → ***Nach** der Schule gehen wir ins Eiscafé.*
- ***seit*** (depuis) → *Er wohnt **seit** zwei Jahren in Berlin.*

3 Prépositions suivies de l'accusatif ou du datif

Ces prépositions sont suivies de l'accusatif ou du datif, selon qu'elles expriment le changement de lieu (directif) ou le séjour dans un lieu (locatif).

Lieu où l'on va (directif) : *Wohin?* → Accusatif	**Lieu où l'on est (locatif) : *Wo?* → Datif**
*Die Kinder gehen **in die** Schule.* (Les enfants vont à l'école.)	*Die Kinder sind **in der** Schule.* (Les enfants sont à l'école.)
*Wir fahren **an die** Ostsee.* (Nous allons au bord de la Baltique.)	*Wir zelten **an der** Ostsee.* (Nous faisons du camping au bord de la Baltique.)
*Leg das Handy **auf den** Schreibtisch!* (Pose le portable sur le bureau !)	*Dein Handy liegt **auf dem** Schreibtisch.* (Ton portable est sur le bureau.)
*Setz dich **neben den** Opa.* (Assieds-toi à côté du grand-père.)	*Felix sitzt **neben dem** Opa.* (Felix est assis à côté du grand-père.)
*Stell den Papierkorb **unter den** Tisch!* (Mets la poubelle sous la table !)	*Die Katze schläft **unter dem** Bett.* (Le chat dort sous le lit.)
*Häng das Bild **über das** Sofa.* (Accroche le tableau au-dessus du canapé.)	*Das Bild hängt **über dem** Sofa.* (Le tableau est au-dessus du canapé.)
*Ich mache ein Foto. Stell dich **vor den** Brunnen!* (Mets-toi devant la fontaine !)	*Sven wartet **vor dem** Stadion.* (Sven attend devant le stade.)

Certaines prépositions peuvent se contracter avec l'article défini :

in das → **ins**
in dem → **im**
an das → **ans**
an dem → **am**

bei dem → **beim**
von dem → **vom**
zu dem → **zum**
zu der → **zur**

6 Le verbe

1 Le présent de l'indicatif

a. *Sein, haben* et *werden*

	sein (être)	haben (avoir)	werden (devenir)
ich	bin	habe	werde
du	bist	hast	wirst
er, sie, es	ist	hat	wird
wir	sind	haben	werden
ihr	seid	habt	werdet
sie, Sie	sind	haben	werden

b. Les verbes faibles et forts

En allemand, il n y a pas de groupes comme en français, mais deux types de verbes :

- les verbes faibles, dont la voyelle du radical ne change jamais ;
- les verbes forts, dont la voyelle du radical peut changer à la 2e et à la 3e personne du singulier du présent de l'indicatif (*a*/ä, *au/äu*, *e*/*ie* ou *i*) : *fahren, schlafen, lassen, tragen, anfangen, laufen, essen, geben, helfen, sehen, nehmen*… (voir lexique en fin de manuel).

À cela s'ajoutent quelques verbes dont la conjugaison est irrégulière (verbes de modalité, *wissen*…).

	lernen (apprendre)	reiten (faire du cheval)	schlafen (dormir)	sehen (voir)	nehmen (prendre)
ich	lern**e**	reit**e**	schlaf**e**	seh**e**	nehm**e**
du	lern**st**	reit**est**	schl**ä**f**st**	s**ie**h**st**	n**imm**st
er, sie, es	lern**t**	reit**et**	schl**ä**f**t**	s**ie**h**t**	n**imm**t
wir	lern**en**	reit**en**	schlaf**en**	seh**en**	nehm**en**
ihr	lern**t**	reit**et**	schlaf**t**	seh**t**	nehm**t**
sie, Sie	lern**en**	reit**en**	schlaf**en**	seh**en**	nehm**en**

c. Les verbes de modalité

können	**Possibilité** **Capacité** **Impossibilité**	*Die Sonne scheint. Wir können picknicken.* *Jana kann sehr gut schwimmen.* *Es regnet. Du kannst nicht baden gehen.*
dürfen	**Autorisation** **Interdiction**	*Die Kinder dürfen heute Abend ins Kino gehen.* *Du darfst jetzt kein Eis essen!*
müssen	**Obligation absolue**	*Wir müssen morgen um 9 Uhr in der Schule sein.*
wollen	**Volonté, intention**	*Ich will morgen einkaufen gehen.*
mögen	**Goût, désir, envie**	*Ich mag Sport und Musik.* *Ich mag diesen Film nicht.* *Ich möchte gern etwas essen.* (j'aimerais)

	können (être capable de)	dürfen (avoir le droit)	müssen (être obligé)	wollen (vouloir)	mögen (avoir envie de, aimer)	
ich	kannØ	darfØ	mussØ	willØ	magØ	möchteØ
du	kann**st**	darf**st**	muss**t**	will**st**	mag**st**	möchte**st**
er, sie, es	kannØ	darfØ	mussØ	willØ	magØ	möchteØ
wir	könn**en**	dürf**en**	müss**en**	woll**en**	mög**en**	möcht**en**
ihr	könn**t**	ihr dürf**t**	müss**t**	woll**t**	mög**t**	möcht**et**
sie, Sie	könn**en**	dürf**en**	müss**en**	woll**en**	mög**en**	möcht**en**

2 Le mode impératif

L'impératif sert à donner un ordre ou un conseil. On ne l'utilise qu'à la 2e personne et à la forme de politesse. À l'impératif, seuls les verbes forts en ***-e*** conservent le changement de voyelle à la 2e personne du singulier.

	Verbes forts en *-e*	Tous les autres verbes
2e personne singulier	***Lies*** *den Text!*	***Fahr*** *doch nicht so schnell!*
2e personne pluriel	***Lest*** *den Text!*	***Fahrt*** *doch nicht so schnell!*
Forme de politesse	***Lesen Sie*** *bitte diesen Brief!*	***Fahren Sie*** *doch nicht so schnell!*

Lexique allemand-français

- Le lexique ne te sert pas uniquement à comprendre le sens d'un mot. Tu peux aussi vérifier l'orthographe des mots, le genre et le pluriel des noms, la conjugaison d'un verbe, etc.
- Certains noms composés n'apparaissent pas tels quels dans le lexique. Il faut alors rechercher les différents éléments (exemple : *Reiseziel* → voir *Ziel* et *Reise*).
- Les préverbes en italique sont séparables : *an*fangen.
- Les formes irrégulières de la 3e personne de l'indicatif présent sont indiquées entre parenthèses : *sehen* (*sieht*). Tu peux en déduire : *du siehst, er sieht.*
- En allemand, beaucoup d'adjectifs peuvent aussi être employés comme adverbes : *ein ruhiges Kind* (un enfant calme) ; *ruhig sprechen* (parler calmement).

A

ab	à partir de
*ab*biegen	tourner
Abend(e) (der)	soir
Abendbrot (das)	dîner
Abendessen (das)	dîner
Abenteuer(-) (das)	aventure
Abfahrt(en) (die)	départ
Abfall(⸚e) (der)	déchet, ordure
*ab*holen	aller chercher
*ab*heben	retirer (argent)
*ab*schneiden	couper
*ab*wischen	essuyer
Advent (der)	période de l'Avent
Adventskranz(⸚e) (der)	couronne de l'Avent
Accessoire(s) (das)	accessoire
AG(-s) (Arbeitsgemeinschaft) (die)	club, atelier
Aktivität(en) (die)	activité
allein	seul, e
Alltag (der)	vie quotidienne
als (prép.)	en tant que, comme
alt	vieux, vieille
Alter (das)	âge
altmodisch	démodé, e
Altstadt (die)	centre historique
an	à, au, au bord de
*an*bauen	cultiver
*an*bieten	offrir, proposer
ander-	autre
ändern	changer, modifier
*an*fangen (fängt)	commencer
Anfänger(-) (der)	débutant
Angebot(e) (das)	offre
*an*gehören	faire partie de
angenehm	agréable
Angst(⸚e) (die)	peur
*an*kommen	arriver
*an*melden (sich)	inscrire (s')
*an*rufen	appeler au téléphone
*an*schauen (sich)	regarder
anschließend	ensuite, en conclusion
anstrengend	fatigant, e
Antwort(en) (die)	réponse
antworten	répondre
Anzeige(n) (die)	annonce
*an*ziehen	mettre (un vêtement)
Anzug(⸚e) (der)	costume
*an*zünden	allumer (feu, bougie)
Apfel(⸚) (der)	pomme
Apfelschorle(n) (die)	mélange de jus de pomme et eau gazeuse
Apotheke(n) (die)	pharmacie
Arbeit(en) (die)	travail
arbeiten	travailler
Architekt(en) (der)	architecte
Artikel(-) (der)	article
Astronaut(en) (der)	astronaute
auch	aussi
auf	sur
*auf*bauen	construire, assembler, monter
*auf*fallen (fällt)	frapper, attirer l'attention
Aufgabe(n) (die)	devoir, mission
aufgeregt	énervé, e
Aufnahme(n) (die)	enregistrement
*auf*nehmen (nimmt)	enregistrer
*auf*passen	faire attention
*auf*räumen	ranger
aufregend	excitant
aufrichtig	honnête
*auf*schlagen (schlägt)	ouvrir (un livre)
*auf*stehen	se lever
*auf*wachen	se réveiller
Auge(n) (das)	œil
*aus*denken (sich)	imaginer
*aus*geben (gibt)	dépenser
Ausnahme(n) (die)	exception
*aus*probieren	essayer, tester
*aus*schalten	éteindre
*aus*sehen (sieht)	avoir l'air
*aus*suchen (sich)	choisir
Austausch(e) (der)	échange
*aus*tauschen	échanger
Austauschpartner(-) / Austauschpartnerin(nen) (der/die)	correspondant, e
*aus*wählen	choisir
Auto(s) (das)	voiture

B

backen	cuire au four
Bäcker(-) (der), Bäckerin(nen) (die)	boulanger, boulangère
Bad(⸚er) (das), Badezimmer(-) (das)	salle de bains
Badehaube(n) (die)	bonnet de bains
baden	se baigner
Bahnhof(⸚e) (der)	gare
Balkon(e) (der)	balcon
Ball(⸚e) (der)	balle
Banane(n) (die)	banane
Bank(⸚e) (die)	banc
Bank(en) (die)	banque
basteln	bricoler
bauen	construire
Bauernhof(⸚e) (der)	ferme
Baum(⸚e) (der)	arbre
Baumaterial(ien) (das)	matériau de construction
Bayern	Bavière
beantworten	répondre

bearbeiten	travailler (un sujet)
Becher(-) (der)	pot, gobelet
befassen (sich)	s'occuper (d'une question)
befinden (sich)	se trouver
beginnen	commencer
begleiten	accompagner
behandeln	traiter (un sujet)
beide, beides	(tous) les deux
Beispiel(e) (das)	exemple
bekannt	connu, e, célèbre
bekommen	recevoir
beliebt	apprécié, e
benutzen	utiliser
beobachten	observer
bequem	agréable, confortable
Berg(e) (der)	montagne
berichten	rendre compte
Beruf(e) (der)	métier
beruhigen (sich)	calmer (se)
berühmt	célèbre
beschreiben	décrire
Beschreibung(en) (die)	description
besichtigen	visiter (monument, lieu)
besonders	particulièrement
besprechen (bespricht)	discuter d'un sujet
besser	mieux
best-	meilleur, e
Besteck (das)	les couverts
bestehen	se composer de
bestellen	commander
bestimmt	certainement
betragen (beträgt)	s'élever à (somme)
Betrieb(e) (der)	entreprise
Bett(en) (das)	lit
bewegen (sich)	bouger,
bewölkt	nuageux, se
bieten	offrir, proposer
Bild(er) (das)	image, photo
bilden	former
billig	bon marché
Biologie (die)	biologie, SVT (école)
Birne(n) (die)	poire
bis	jusqu'à
bisschen (ein)	un peu
bitte	s'il te/vous plaît
Blatt(¨er) (das)	feuille
blau	bleu, e
Blazer(-) (der)	blazer
bleiben	rester
Bleistift(e) (der)	crayon
Blick(e) (der)	vue
blitzen (es blitzt)	il y a des éclairs
Block(¨e) (der)	heure double (école)
blond	blond, e
Blume(n) (die)	fleur
Bluse(n) (die)	chemisier
Boden(¨) (der)	sol
Boot(e) (das)	bateau
böse	méchant, e
boxen	pratiquer la boxe
Bratwurst(¨e) (die)	saucisse grillée
brauchen	avoir besoin de
braun	brun, e
Braut(¨e) (die), Bräutigam(e) (der)	mariée, marié
brav	gentil, gentille
brennen	brûler
Brille(n) (die)	la paire de lunettes
Brokkoli (der)	brocolis
Brot(e), Brötchen(-) (das)	pain, petit pain
bringen	apporter
Brücke(n) (die)	pont
Bruder(¨) (der)	frère
Buch(¨er) (das)	livre
Buchhandlung(en) (die)	librairie
Buchstabe(n) (der)	lettre (alphabétique)
buchstabieren	épeler
bunt	multicolore
Bus(se) (der)	autobus, car
Butter (die)	beurre

C

Campingplatz(¨e) (der)	le terrain de camping
Cembalo(s) (das)	clavecin
Cembalist(en) (der)	claveciniste
chatten	chater
Chemiker(-) (der), Chemikerin(nen) (die)	chimiste
Chor(¨e) (der)	chorale
Comic(s) (der)	bande dessinée
Computer(-) (der)	ordinateur
Cousin(s) (der), Cousine(n) (die)	cousin, cousine
Cover(-) (das)	couverture (d'un livre)

D

da	là
dabei	en même temps, à cette occasion
Dach(¨er) (das)	toit
Dachgeschoss (das)	étage mansardé
danke	merci
danken	remercier
dann	ensuite
Date(s) (das)	rendez-vous
Datei(en) (die)	fichier
Dauer (die)	durée
dauern	durer
decken	mettre (la table)
denken	penser
Denkmal(¨er) (das)	monument
deshalb	pour cette raison
deutsch	allemand, e
Deutsche(n) (der/die)	Allemand, e
Deutschland	Allemagne
Dialog(e) (der)	dialogue
Diät(en) (die)	régime
dick	gros, grosse
Dienst(e) (der)	service
Dienstag (der)	mardi
direkt	direct, directement
diszipliniert	discipliné, e
donnern	tonner
Donnerstag (der)	jeudi
doof	bête, nul
Dose(n) (die)	boite, canette
Drachenboot(e) das	bateau-dragon
draußen	dehors
Dreieck (das)	triangle
dunkel	sombre
durch	à travers
*durch*führen	réaliser
dürfen (darf)	avoir le droit
Durst (der)	soif
duschen	prendre une douche
Duschgel (das)	le gel douche

E

echt	vraiment
Ecke(n) (die)	coin
Ehefrau(en) (die), Ehemann(¨er) (der)	épouse, époux
Ehepaar(e) (das)	couple
Ei(er) (das)	œuf
eigen	propre (ce qui appartient à qqn)
ein paar	quelques
einfach	simple, facile
Einfamilienhaus(¨er) (das)	pavillon, maison individuelle
einige	quelques
*ein*kaufen	faire les courses
*ein*laden (lädt)	inviter
Einladung(en) (die)	invitation
*ein*packen	faire sa valise
*ein*richten	aménager
*ein*schenken	servir (plat, boisson)

*ein*schlafen (schläft)	s'endormir
*ein*setzen (sich)	s'engager
Eintrittskarte(n) (die)	billet d'entrée
einverstanden sein	être d'accord
einzig	seul, e
Eis (das)	glace
Eisdiele(n) (die)	marchand de glace (lieu)
*eis*laufen (läuft)	faire du patin à glace
elegant	élégant, e
Eltern (pl.) (die)	parents
Ende (das)	fin (la)
engagieren (sich)	s'engager
Enkel(-) / Enkelin(nen) (der/die)	petit-fils, petite-fille
Enkelkinder (pl.)	les petits-enfants
entdecken	découvrir
enthalten (enthält)	contenir
entscheiden (sich)	décider (se)
entschuldigen (sich)	excuser (s')
Entschuldigung!	pardon !
entstehen	naître, se développer (fig.)
Erdbeere(n) (die)	fraise
Erdgeschoss (das)	le rez de chaussée
Erdkunde (die)	géographie
Ereignis(se) (das)	événement
erfahren (erfährt)	apprendre (une nouvelle)
erfinden	inventer
Erfinder(-) / Erfinderin(nen) (der/die)	inventeur
Erfindung(en) (die)	invention
erforderlich	exigé, e
erfrieren	geler
erholen (sich)	se reposer
erholsam	reposant, e
erklären	expliquer
erleben	vivre (un événement)
Ernst (der)	sérieux
erreichbar	accessible
erstellen	réaliser qqch. (faire)
der Erwachsene(n)	adulte
erzählen	raconter
erzeugen	produire
es gibt	il y a
Esel(-) (der)	âne
essen (isst)	manger
Essen (das)	repas
Esszimmer(-) (das)	salle à manger
Ethik (die)	éthique (mat. scolaire)
etwas	quelque chose
Euro(s) (der)	euro

F

Fach(⸚er) (das)	matière (école)
Fähre(n) (die)	bac, ferry
fahren (fährt)	aller (en véhicule)
Fahrkarte(n) (die)	billet (transport)
Fahrrad(⸚er) (das)	vélo
falsch	faux, fausse
Familie(n) (die)	famille
Farbe(n) (die)	couleur
Farbstift(e) (der)	crayon de couleur
Fasching (der)	carnaval
fast	presque
faul	paresseux, se
Federmäppchen(-) (das)	trousse (école)
feiern	fêter
Feiertag(e) (der)	jour férié
Felsen(-) (der)	rocher
Fenster(-) (das)	fenêtre
Ferien (pl.)	vacances
*fern*sehen (sieht)	regarder la télévision
fertig	terminé, e, prêt, e
Fest(e) (das)	fête
*fest*stellen	constater
Feuer (das)	feu
Figur(en) (die)	personnage
Film(e) (der)	film
Filzstift(e) (der)	feutre
finden	trouver
Fisch(e) (der)	poisson
Fläche(n) (die)	surface
Flasche(n) (die)	bouteille
Fleisch (das)	viande
Fliege(n) die	nœud papillon
fliegen	voler
fließen	couler
Flohmarkt(⸚e)	marché aux puces
Flöte(n) (die)	flûte
Flug(⸚e) (der)	vol
Flur(e) (der)	entrée, couloir
Folie(n) (die)	feuille
Foto(s) (das)	photographie
Fotograf(en) (der), Fotografin(nen) (die)	photographe
fotografieren	photographier
Frage(n) (die)	question
fragen	interroger
Frankreich	France
französisch	français, e
Frau(en) (die)	femme
frei	libre
Freilichtmuseum(en) (das)	musée en plein air
Freitag (der)	vendredi
Freizeit (die)	temps libre, loisirs
Fremdsprache(n) (die)	langue étrangère
freuen (sich)	se réjouir
Freund(e) (der), Freundin(nen) (die)	ami, amie
Freundschaft(en) (die)	amitié
Frisur(en) (die)	coiffure
Frühling (der)	printemps
Frühstück(e) (das)	le petit-déjeuner
frühstücken	prendre le petit-déjeuner
fühlen (sich)	sentir (se)
Füller(-) (der)	stylo à encre
für	pour
Fußball (der)	football
Fußgängerzone (die)	zone piétonne
füttern	nourrir un animal

G

Gabel(n) die	fourchette
ganz	tout, complètement
Garten(⸚) (der)	jardin
Gartenbau (der)	jardinage
Gast(⸚e) (der)	invité
Gebäude(-) (das)	bâtiment
geben (gibt)	donner
Gebiet(e) (das)	territoire
geblümt	à fleurs
Geburtstag(e) (der)	anniversaire
Gedicht(e) (das)	poème
gefährlich	dangereux, euse
gefallen (gefällt)	plaire
gegen	contre
Gegenstand(⸚e) (der)	objet
Geheimnis(se) (das)	secret
gehen	aller
gehören	appartenir
Geige(n) (die)	violon
gelb	jaune
Geld (das)	argent
Gemälde(-) (das)	tableau, peinture
gemein	odieux, euse, méchant, e
gemeinsam	en commun
Gemeinschaft(en) (die)	communauté
Gemeinschaftsschule(n) (die)	école secondaire (collège et lycée)
Gemüse (das)	légumes (pl.)
gemütlich	confortable, chaleureux
genau	exact, précis
genießen	profiter, déguster
genug	assez, suffisant
gerade	juste, droit
geradeaus	tout droit
Gerät(e) (das)	appareil
Geräusch(e) (das)	bruit

Germane(n) (der)	Germain, e
gern	volontiers
Geschäft(e) (das)	magasin, boutique
Geschenk(e) (das)	cadeau
Geschichte(n) (die)	histoire
Geschmack (der)	goût
Geschwister (pl.)	frères et sœurs
gestalten	concevoir, créer
gestern	hier
Getränk(e) (das)	boisson
gewinnen	gagner (à un jeu)
glamourös	glamour
Glas(¨er) (das)	verre
glauben	croire
gleich	1) semblable 2) immédiatement
Glück (das)	bonheur, chance
Glückwunsch(¨e) (der)	vœu de bonheur
Glühwein (der)	vin chaud
golden	doré, e
Grad (der)	degré
gratulieren	féliciter
grau	gris, e
Grenze(n) (die)	frontière
grillen	faire des grillades
groß	grand, e
Großeltern (pl.)	grands-parents
Großmutter(¨) (die)	grand-mère
Großvater(¨) (der)	grand-père
grün	vert
Grünanlage(n) (die)	espace vert
gründen	fonder
Grundschule(n) (die)	école primaire
Grundstück(e) (das)	terrain
Gruppe(n) (die)	groupe
grüßen	saluer
Gurke(n) (die)	concombre, cornichon
Gürtel(-) (der)	ceinture
gut	bien, bon
Gymnasium(sien) (das)	lycée

H

Haare (pl.)	cheveux
Haarband(¨er) (das)	bandeau
haben (hat)	avoir
Hafen(¨) (der)	port
Hahn(¨e) (der)	coq
Haltestelle(n) (die)	arrêt (bus)
Hand(¨e) (die)	main
Handlung (die)	l'action (d'un récit)
Handschuh(e) (der)	gant
Handtasche(n) (die)	sac à main
Handtuch(¨er) (das)	serviette de toilette
Handy(s) (das)	téléphone portable
Handyhülle(n) (die)	coque
hängen	accrocher / être accroché
hassen	détester
hässlich	laid, e, affreux, euse
Haupt-	principal
Hauptschule(n) (die)	école secondaire (cycle court)
Hauptstadt(¨e) (die)	capitale
Haus(¨er) (das)	maison
Hausaufgabe(n) (die)	devoir
Heft(e) (das)	cahier
heiraten	se marier
heißen	s'appeler
Held(en) (der), Heldin(nen) (die)	héros, héroïne
helfen (hilft)	aider
hell	clair
Hemd(en) (das)	chemise
Herbst (der)	automne
Herr(en) (der)	monsieur
*her*stellen	fabriquer
*herunter*laden (lädt)	télécharger
herzlich	cordial, e
heute	aujourd'hui
hier	ici
Hilfe(n) (die)	aide
Himmel (der)	ciel
Hinfahrt(en) (die)	voyage aller
Hobby(s) (das)	hobby
hoch	haut, e
Hochseilgarten (der)	parc accrobranche
holen	aller chercher
Holz (das)	bois
hören	entendre
Hose(n) (die)	pantalon
Hotel(s) (das)	hotel
hübsch	joli, e, charmant, e
Hund(e) (der)	chien
Hunger (der)	faim
Hut(¨e)	chapeau
Hütte(n) (die)	cabane
Hypothese(n) (die)	hypothèse

I

Iglu(s) (das)	igloo
Imbiss(e) (der)	snack
immer	toujours
Informatiker(-) (der),	informaticien
Informatikerin(nen) (die)	informaticienne
Ingenieur(e) (der), Ingenieurin(nen) (die)	ingénieur, e
Innenstadt(¨e) (die)	centre-ville
Insekt(en) (das)	insecte
Insel(n) (die)	île
installieren	installer
Instrument(e) (das)	instrument
intelligent	intelligent
interessant	intéressant
Interesse(n) (das)	intérêt
interessieren (sich)	intéresser (s')
Internet (das)	Internet
Interview(s) (das)	interview
interviewen	interviewer

J

Jacke(n) (die)	veste
Jahr(e) (das)	année
Jahrhundert(e) (das)	siècle
-jährig	âgé de
Jeans (pl.)	jean
jede(r, s)	chaque
jetzt	maintenant
Joghurt (der)	yaourt
Judo (das)	judo
jung	jeune
Junge(n) (der)	garçon
Jugendherberge(n) (die)	auberge de jeunesse
Jugendliche(n) (der / die)	jeune (le / la)

K

Kaffee (der)	café
Kaffeesatz (der)	marc (de café)
Kakao (der)	cacao
Kalender(-) (der)	calendrier
kalt	froid, e
Kamin(e) (der)	cheminée
Kämpfer(-) (der)	combattant
Kanal(¨e) (der)	canal
Kanu(s) (das)	canoë
Kappe(n) (die)	casquette
kariert	à carreaux
Karotte(n) (die)	carotte
Karte(n) (die)	carte, billet d'entrée
Kartoffel(n) (die)	pomme de terre
Käse (der)	fromage
Katze(n) (die)	chat
Kauf (der)	achat
kaufen	acheter
Kaugummi(s) (der)	chewing-gum
Keks(e) (der)	gâteau sec
Keller(-) (der)	cave
kennen	connaître
Kerze(n) (die)	bougie
Kette(n) (die)	chaîne, collier
Kind(er) das	enfant
Kino(s) (das)	cinéma

Kirsche(n) (die)	cerise
Klamotten (pl.) (fam.)	fringues (fam.)
klar	clair, e, évident, e
Klarinette(n) (die)	clarinette
klasse	super
Klasse(n) (die)	classe
Klassenarbeit(en) (die)	devoir sur table
Klassenfahrt(en) (die)	voyage scolaire
Klassenraum(¨e) (der)	salle de classe
Klassensprecher(-) (der), Klassensprecherin(nen) (die)	délégué de classe, déléguée de classe
klassisch	classique
Klavier(e) (das)	piano
Kleber(-) (der)	bâton de colle
Kleid(er) (das)	robe
Kleidung (die)	habillement
Kleider (pl.), Kleidungsstücke (pl.)	vêtements
klein	petit, e
klettern	faire de l'escalade
Klimaschutz (der)	protection du climat
klingeln	sonner
klingen	tinter, sonner
Koch(¨e) (der), Köchin(nen) (die)	cuisinier, cuisinière
kochen	cuisiner
Koffer(-) (der)	valise
kommen	venir
kommunikativ	communicatif, ve
Kompost (der)	compost
können (kann)	pouvoir
Konzert(e) (das)	concert
Kopf(¨e) (der)	tête
Kopfhörer(-) (der)	écouteur
Korb(¨e) (der)	corbeille
Körper(-) (der)	corps
kosten	coûter
krass!	génial
Krawatte(n) (die)	cravate
kreativ	créatif
Kreis(e) (der)	cercle
Kreuzung(en) (die)	carrefour
Krieger(-) (der)	guerrier
Küche(n) (die)	cuisine
Kugel(n) (die)	boule
Kühlschrank(¨e) (der)	réfrigérateur
Kuli(s) (der)	stylo à bille
Kunst(¨e) (die)	art
Künstler(-) (der), Künstlerin(nen) (die)	artiste
künstlerisch	artistique
Kunststoff(e) (der)	matière plastique
Kuss(¨e) (der)	baiser
Kürbis(se) (der)	potiron
kurz	court, e
Küste(n) (die)	côte (mer)

L

lächerlich	ridicule
lachen	rire
Lachs(e) (der)	saumon
Laden(¨) (der)	boutique
Lage(n) (die)	situation
Lagerfeuer(-) (das)	feu de camp
Lampe(n) (die)	lampe
Land(¨er) (das)	pays, campagne
lang	long, longue
langweilig	ennuyeux, euse
lassen (lässt)	laisser
lässig	décontracté, e
laufen (läuft)	courir
laut	fort, e, bruyant, e
leben	vivre
Leben(-) (das)	vie
Lebensmittel(-) (das)	aliment
Lebkuchen (der)	pain d'épice
lecker	délicieux, se
legen	coucher, poser à plat
Lehrer(-) / Lehrerin(nen) (der/die)	professeur
leicht	facile, léger
Leichtathletik (die)	athlétisme
*leid*tun	regretter
Leine(n) (die)	laisse
leise	silencieux, se
Leiter(-) (der), Leiterin(nen) (die)	directeur, directrice
lernen	apprendre
lesen (liest)	lire
Leute (pl.)	gens
lieb haben	aimer qqn
lieben	aimer
Lieblings-	préféré, e
Lied(er) (das)	chanson
liegen	être couché
Limo, Limonade (die)	limonade
Lineal(e) (das)	règle
links	à gauche
Look(s) (der)	look
*los*gehen	partir, commencer
Lösung(en) (die)	solution
Lösungsmittel(-) (das)	solvant
Lupe(n) (die)	loupe
lustig	drôle, amusant, e

M

machen	faire
Mädchen(-) (das)	fille
Mahlzeit(en) (die)	repas
malen	peindre
Maler(-) / Malerin(nen) (der/die)	peintre
man	on
Mandel(n) (die)	amande
Mann(¨er) (der)	homme
Mannschaft(en) (die)	équipe
Mantel(¨) (der)	manteau
Mäppchen(-) (das)	trousse
Märchen(-) (das)	conte
Marker(-) (der)	marqueur
markieren	tracer, surligner
Markt(¨e) (der)	marché
Marmelade (die)	confiture
Mathematik (die)	mathématiques
Mauer(n) (die)	mur
Meer(e) (das)	mer
mehr	plus
Mensa(en) (die)	cantine
Mensch(en) (der)	homme, être humain, personne
Mensch!	Nom d'un chien !
Menü(s) (das)	menu
merken (sich)	remarquer
Messer(-) (das)	couteau
Milch (die)	lait
mimen	mimer
Minute(n) (die)	minute
mischen	mélanger
mit	avec
*mit*kommen	accompagner
*mit*machen	participer
*mit*nehmen (nimmt)	emmener
Mitschüler(-) / Mitschülerin(nen) (der/die)	camarade de classe
Mittag(e) (der)	midi
Mittagessen(-) (das)	déjeuner
mitten in	au milieu de
Mittwoch (der)	mercredi
Möbel(-) (das)	meuble
Mode(n) (die)	mode
modern	moderne
mögen (mag/möchte)	aimer, avoir envie de
möglich	possible
Möglichkeit(en) (die)	possibilité
Monat(e) (der)	mois
Mond (der)	lune
Montag (der)	lundi
morgen	demain
Morgen(-) (der)	matin
morgens	le matin
Motorrad(¨er) (das)	moto
Mountainbike(s) (das)	VTT
müde	fatigué, e

Müll (der)	déchet
Mülltrennung (die)	tri des déchets
Müsli(s) (das)	musli
müssen (muss)	devoir (être obligé de)
Mund(¨-er) (der)	bouche
Museum (Museen) (das)	musée
Musik (die)	musique
musikalisch	musical, e ; musicien, ne
Musiker(-) (der), Musikerin(nen) (die)	musicien, ne
mutig	courageux, euse
Mutter(¨-) (die)	mère
Mütze(-n) (die)	casquette
Mythos (Mythen) (der)	mythe

N

nach	après ; vers, à (directif)
*nach*denken	réfléchir
nacheinander	l'un après l'autre
nachfüllbar	que l'on peut remplir de nouveau
Nachhilfeunterricht (der)	cours particulier
Nachmittag(e) (der)	après-midi
nachmittags	l'après-midi
Nachname(n) (der)	nom de famille
Nachricht(en) (die)	message, nouvelle
*nach*sprechen (spricht)	répéter
Nacht(¨-e) (die)	nuit
Nagellack (der)	vernis à ongle
Nähe (die)	proximité
Name(n) (der)	nom
Nase(n) (die)	nez
Narr(en) (der)	fou (carnaval)
Natur (die)	nature
natürlich	naturellement
neben	à côté de
Nebenfluss(¨-e) (der)	affluent
Nebengebäude(-) (das)	dépendance
Neffe(n) (der)	neveu
nehmen (nimmt)	prendre
nennen	nommer
Nerv(en) (der)	nerf
nerven	énerver
nervös	nerveux, euse
nett	gentil, ille, agréable
neu	nouveau, elle
neugierig	curieux, euse
nicht	pas (négation)
nichts	rien
noch	encore
nochmals	de nouveau
Norden (der)	nord
Nordsee (die)	mer du Nord
notieren	noter
Nudeln (pl.)	pâtes
Nummer(n) (die)	numéro
nun	maintenant
nur	seulement

O

Obst (das)	fruits (pl.)
oft	souvent
ohne	sans
Ohrring(e) (der)	boucle d'oreille
ökologisch	écologique
Oma(s) (die)	grand-mère, mamie
Omelett(e) (das)	omelette
Onkel(-) (der)	oncle
Opa(s) (der)	grand-père, papi
Orange(n) (die)	orange
Orientierungsstufe (die)	cycle d'orientation
originell	original
Ort(e) (der)	lieu
Osten (der)	est
Ostsee (die)	mer Baltique
Österreich	Autriche

P

packen	faire sa valise
Paket(e) (das)	paquet
Pappe(n) (die)	carton
Parfüm(s) (das)	parfum
Parfümerie(n) (die)	parfumerie
Park(s) (der)	parc
parken	(se) garer
Parkplatz(¨-e) (der)	parking, place de parking
Party(s) (die)	soirée, fête
passen	convenir
Patrone(n) (die)	cartouche
Pause(n) (die)	pause, récréation
Person(en) (die)	personne
Pfandflasche(n) (die)	bouteille consignée
Pflanze(n) (die)	plante
pflegen	soigner, s'occuper de
picknicken	pique-niquer
Plakat(e) (das)	affiche
Plan(¨-e) (der)	plan, projet
planen	projeter
Platz(¨-e) (der)	place
Plätzchen(-) (das)	sablé
Pommes (pl.)	frites
Portemonnaie(s) (das)	porte-monnaie
Post (die)	poste
Praktikum (-a) (das)	stage
praktisch	pratique
Preis(e) (der)	prix
Profi(s) (der)	professionnel(le)
Pudding(s) (der)	crème
Pullover(s) (der)	pull-over
Punkt(e) (der)	point

Q

Quadrat(e) (das)	carré
Quark (der)	formage blanc

R

Rad fahren	faire du vélo
Radiergummi(s) (der)	gomme
Rat (Ratschläge) (der)	conseil
raten (rät)	deviner, conseiller
Rathaus (das)	hôtel de ville
Räuber(-) (der)	brigand
Raum(¨-e) (der)	pièce, espace
Realschule(n) (die)	collège
recht haben	avoir raison
rechts	à droite
recyclen	recycler
Regal(e) (das)	étagère
Regel(n) (die)	règle (principe)
Regenbogen (der)	arc-en-ciel
Regenschirm(e) (der)	parapluie
regnen	pleuvoir
regnerisch	pluvieux, se
reich	riche
Reichtum(¨-er) (der)	richesse
Reise(n) (die)	voyage
reisen	voyager
reiten	faire du cheval
Reiter(-) (der), Reiterin(nen) (die)	cavalier, lière
Religion(en) (die)	religion
rennen	courir
renovieren	rénover
Restaurant(s) (das)	restaurant
retten	sauver
Rezept(e) (das)	recette
Rhein (der)	Rhin
richtig	correct, e
Ring(e) (der)	anneau
Risiko(s) (das)	risque
Rock(¨-e) (der)	jupe
rodeln	faire de la luge
Rolle(n) (die)	rôle
Roman(e) (der)	roman
Römer(-) / Römerin(nen) (der/die)	Romain, e
rot	rouge
Rotkohl (der)	chou rouge
Rückfahrt(en) (die)	voyage retour

Rucksack(¨-e) (der)	sac à dos
rudern	faire de la rame
rufen	appeler
Ruhe (die)	calme (le)
ruhen lassen	laisser reposer
ruhig	calme
rühren	remuer (une pâte)
Ruine(n) (die)	ruine

S

Sache(n) (die)	affaire, chose
sagen	dire
Sakko(s) (der/das)	veste, veston
Salat(e) (der)	salade
Salz (das)	sel
sammeln	rassembler, collectionner
Samstag (der)	samedi
Sänger(-) (der), Sängerin(nen) (die)	chanteur, chanteuse
Satz(¨-e) (der)	phrase
sauber	propre
Saxofon(e) (das)	saxophone
schade	dommage
schädlich	nocif
Schadstoff(e) (der)	matière nocive
schaffen	réussir
Schal(e) (der)	écharpe, foulard
Schale(n) (die)	coquille, peau
Schatz(¨-e) (der)	trésor
Schatzsuche(n) (die)	chasse au trésor
schauen	regarder
Schaufenster(-) (das)	vitrine
scheinen	briller, sembler
schenken	offrir
Schere(n) (die)	ciseaux
schick	chic
schicken	envoyer
Schiene(n) (die)	rail
Schiff(e) (das)	bateau
schlafen (schläft)	dormir
Schlafsack(¨-e) (der)	sac de couchage
Schlafzimmer(-) (das)	chambre à coucher
Schlagzeug(e) (das)	batterie
schlank	mince
schlecht	mauvais, e
schließen	fermer
schließlich	enfin, finalement
schlimm	grave
Schlittschuh fahren	faire du patin à glace
Schluss(¨-e) (der)	fin, conclusion
Schlüsselanhänger(-) (der)	porte-clés
schmecken	être bon (aliment)
Schmerz(en) (der)	douleur
schneien	neiger
schnell	vite, rapide
Schnitzel(-) (das)	escalope
Schokoriegel(-) (der)	barre chocolatée
schon	déjà
schön	beau, belle
Schrank(¨-e) (der)	armoire
schrecklich	horrible
schreiben	écrire
Schreibtisch(e) (der)	bureau (meuble)
Schrift(en) (die)	écrit (texte)
Schuh(e) (der)	chaussure
Schule(n) (die)	école
Schüler(-) / Schülerin(nen) (der/die)	élève
Schullandheim(e) (das)	classe verte
Schürze(n) (die)	tablier
Schüssel(n) (die)	plat
schützen	protéger
schwarz	noir, e
Schwarzwald (der)	Forêt-Noire
Schweiz (die)	Suisse
schwer	lourd, e, difficile
Schwester(n) (die)	sœur
schwierig	difficile
schwimmen	nager
Schwimmbad(¨-er) (das), Schwimmhalle(n) (die)	piscine
See(n) (der)	lac
See(n) (die)	mer
Segelkurs(e) (der)	cours de voile
segeln	faire de la voile
sehen (sieht)	voir
sehr	très
Seilbahn(en) (die)	téléphérique
sein (ist)	être
seit	depuis
Seite(n) (die)	page
Sendung(en) (die)	émission
Senf (der)	moutarde
setzen (sich)	s'asseoir
shoppen	faire du shopping
Shorts (pl.)	short
sicher	sûr, e
Sieg(e) (der)	victoire
siegen	vaincre
singen	chanter
sitzen	être assis
sitzen bleiben	redoubler (une classe)
skaten	faire du skate
Socke(n) (die)	chaussette
Sofa(s) (das)	canapé
sofort	immédiatement
sogar	même
Sohn(¨-e) (der)	fils
Sommer (der)	été
Sonne (die)	soleil
sonnen (sich)	se faire bronzer
sonnig	ensoleillé, e
Sonntag (der)	dimanche
Soße(n) (die)	sauce
Spaghetti (pl.)	spaghetti
Spaß (der)	plaisir
spät	tard
speichern	enregistrer, sauvegarder
Speise(n) (die)	aliment
Spiel(e) (das)	jeu, match
spielen	jouer
Spielplatz(¨-e) (der)	terrain de jeux
Spinat (der)	épinards
Spitzer(-) (der)	taille-crayon
Sport (der)	sport
Sporthalle(n) (die)	gymnase
sportlich	sportif
sprechen (spricht)	parler
springen	sauter
Spur(en) (die)	trace
Stadion(ien) (das)	stade
Stadt(¨-e) (die)	ville
Stadtbummel(-) (der)	balade en ville
Stamm(¨-e) (der)	tribu
Stammbaum (der)	arbre généalogique
Stand(¨-e) (der)	stand
stark	fort, e
Start(s) (der)	départ, démarrage
starten	décoller, démarrer
statt	au lieu de
*statt*finden	avoir lieu
Steckbrief(e) (der)	avis de recherche
stehen	être debout, se trouver
stellen	mettre, poser
sterben (stirbt)	mourir
Stil(-e) (der)	style
stören	déranger
Strand(¨-e) (der)	plage
Straße(n) (die)	rue
Streifen(-) (der)	bande, raie
Strickjacke(n) (die)	veste en laine
Strumpfhose(n) (die)	collant
Stück(e) (das)	morceau
studieren	étudier
Stuhl(¨-e) (der)	chaise
Stunde(n) (die)	heure (durée)
Stundenplan(¨-e) (der)	emploi du temps
stylisch	stylé, e
suchen	chercher
Süden (der)	sud
Suppe(n) (die)	soupe
surfen	faire de la planche à voile
Süßigkeit(en) (die)	sucrerie

T

Tablet(s) (das)	tablette (ordinateur)
Tafel(n) (die)	tableau
Tag(e) (der)	jour
Talent(e) (das)	talent, don
Tante(n) (die)	tante
tanzen	danser
Tänzer(-) (der), Tänzerin(nen) die	danseur, seuse
Tasche(n) (die)	sac, poche
Taschenlampe(n) (die)	lampe de poche
Taschentuch(¨er) (das)	mouchoir
tauchen	faire de la plongée
tauschen	échanger
Team(s) (das)	équipe
Tee (der)	thé
Teebeutel(-) der	sachet de thé
Teil(e) (der)	partie, part
teilen	partager
Telefon(e) (das)	téléphone
telefonieren	téléphoner
Teller(-) (der)	assiette
Temperatur(en) (die)	température
Tempo(s) (das)	vitesse
Teppich(e) (der)	tapis
teuer	cher, chère (prix)
Text(e) (der)	texte
Theater(-) (das)	théâtre
Theaterstück(e) (das)	pièce de théâtre
Tiefkühltruhe(n) (die)	congélateur
Tier(e) (das)	animal
Tinte(n) (die)	encre
Tintenkiller(-) (der)	effaceur
Tipp(s) (der)	conseil
tippen	taper (sur un clavier)
Tisch(e) (der)	table
Titel(-) (der)	titre
Tochter(¨) (die)	fille
Toilette(n) (die)	toilettes
toll	génial, e, inouï, e
Tomate(n) (die)	tomate
Ton(¨e) (der)	son
Tonne(n) (die)	poubelle
Tracht(en) (die)	tenue traditionnelle
tragen (trägt)	porter
trainieren	s'entraîner
Trainer(-) (der), Trainerin(nen) (die)	entraîneur, neuse
Training(s) (das)	entraînement
Transportmittel(-) (das)	moyen de transport
Traum(¨e) (der)	rêve
traumhaft	rêvé,e, idéal, e
traurig	triste
treffen (trifft) (sich)	rencontrer (se)
treiben (Sport)	faire du sport
trennen (sich)	séparer (se)
trinken	boire
Tschechien	République tchèque
tschüss	salut, au revoir
T-Shirt(s) (das)	t-shirt
Tür(en) (die)	porte
Turm(¨e) (der)	tour
turnen	faire de la gymnastique
Turnhalle(n) (die)	gymnase
Turnschuh(e) (der)	chaussure de sport
typisch	typique

U

U-Bahn(en) (die)	métro
üben	s'exercer
über	au-dessus de
überall	partout
überlegen (sich)	réfléchir
übernachten	passer la nuit
übertreiben	exagérer
überzeugt	persuadé, e
üblich	courant
Übung(en) (die)	exercice
Uhr(en) (die)	horloge, montre, heure
Umfrage(n) (die)	sondage, enquête
umgeben (umgibt)	entourer
Umwelt (die)	environnement
umweltfreundlich	écologique, favorable à l'environnement
Umzug(¨e) (der)	défilé
unbedingt	absolument
und	et
unfreundlich	désagréable
ungefähr	environ
unsichtbar	invisible
Untergeschoss (das)	sous-sol (immeuble)
Unterricht (der)	enseignement
Unterschied(e) (der)	différence
Urlaub (der)	vacances, congé
USB-Stick(s) (der)	clé USB

V

Vater(¨) (der)	père
Vegetarier(-) (der), Vegetarierin(nen) (die)	végétarien, enne
vegetarisch	végétarien, enne (adj.)
verbiegen	tordre
verbinden	relier
verbringen	passer (un moment)
vergessen (vergisst)	oublier
vergleichen	comparer
verkaufen	vendre
Verkäufer(-) (der), Verkäuferin(nen) (die)	vendeur, deuse
Verkehr (der)	circulation
Verkehrsmittel(-) (das)	moyen de transport
verkleiden (sich)	déguiser (se)
verlassen (verlässt)	quitter, abandonner
Verlauf(¨e) (der)	cours (rivière)
veröffentlichen	publier
Verpackung(en) (die)	emballage
verschieden	différent, e
Verschwendung(en) (die)	gaspillage
verschwinden	disparaître
verstehen	comprendre
versuchen	essayer (de faire qqch.)
vertreten (vertritt)	représenter
verursachen	produire, provoquer
verwandeln	transformer
Video(s) (das)	vidéo
viel	beaucoup
vielleicht	peut-être
Viertel(-) (das)	quart, quartier
Viertelstunde(n) (die)	quart d'heure
violett	violet
Vitamin(e) (das)	vitamine
Vokabel(n) (die)	mot
Volksbank (die)	banque populaire
voll	plein, e
Vollkornbrot (das)	pain complet
von	de
vor	avant, devant
*vor*bereiten	préparer
*vor*haben (hat)	avoir prévu de, avoir l'intention de
*vor*lesen (liest)	lire à voix haute
Vormittag(e) (der)	matinée
Vorname(n) (der)	prénom
*vor*schlagen (schlägt)	proposer
Vorsicht!	attention !
vorsichtig	prudent
Vorspann (der)	générique (radio)
*vor*stellen (sich)	présenter (se)

W

Waffel(n) (die)	gaufre
wählen	choisir, élire
Wahnsinn!	c'est fou !
während	pendant
Wald(¨er) (der)	forêt

Wand(¨e) (die)	mur
wandern	faire de la randonnée
Wanderung(en) (die)	randonnée
wann	quand
Ware(n) (die)	produit, marchandise
warm	chaud, e
warten	attendre
warum	pourquoi
was	que, quoi
waschen (wäscht)	laver
Waschschüssel(n) (die)	bassine
Wasser (das)	eau
Weg(e) (der)	chemin
wegen	à cause de
*weg*streichen	rayer
*weg*werfen (wirft)	jeter
Wegwerfware(n) (die)	produit jetable, non réutilisable
wehen	souffler (vent)
Weihnachten	Noël
weil	parce que
Wein(e) (der)	vin
weiß	blanc, blanche
weit	loin
weiter-	continuer à (en préfixe)
welcher, e, es	quel, quelle
wellenförmig	ondulé, e
Welt (die)	monde
wenig	peu
weniger	moins
wer	qui
werden (wird)	devenir
werfen (wirft)	jeter
Westen (der)	ouest
Wettbewerb(e) (der)	concours
Wetter (das)	temps (qu'il fait)
Wetterbericht (der)	bulletin météo
wichtig	important, e
wie	comment
wieder	de nouveau, encore
wiederholen	répéter
willkommen	bienvenu, e
Wind(e) (der)	vent
windig	venteux, euse
windsurfen	faire de la planche à voile
Winter (der)	hiver
wirken	avoir un effet
wissen (weiß)	savoir
Wirsing (der)	chou frisé
Woche(n) (die)	semaine
wo	où
Wochenende(n) (das)	week-end
woher	d'où (origine)
wohin	où (direction)
wohl	bien
wohnen	habiter
Wohnfläche(n) (die)	surface habitable
Wohnort(e) (der)	domicile
Wohnung(en) (die)	appartement
Wohnzimmer(-) (das)	salle de séjour
wollen (will)	vouloir
Wort(¨er) (das)	mot
Wörterbuch(¨er) (das)	dictionnaire
wunderbar	extraordinaire
wunderschön	magnifique
Wunsch(¨e) (der)	souhait
wünschen	souhaiter
Wurst (die)	saucisse, charcuterie

Z

zahlen	payer
zählen	compter
zeichnen	dessiner
zeigen	montrer
Zeit(en) (die)	temps (qui passe)
Zeitung(en) (die)	journal
zelten	camper, faire du camping
Zettel(-) (der)	fiche, feuille
Ziel(e) (das)	but
Ziegel(-) (der)	tuile
ziemlich	relativement, assez
Zimmer(-) (das)	chambre, pièce
Zitrone(n) (die)	citron
Zubereitung (die)	préparation (d'un plat)
Zucchini (die)	courgette
zuerst	d'abord, en premier
Zug(¨e) (der)	train
*zu*hören	écouter
Zuhörer(-) (der), Zuhörerin(nen) (die)	auditeur, auditrice
zurück	en arrière, de retour (refaire le chemin inverse)
*zurück*fahren (fährt)	revenir
*zurück*rufen	rappeler au téléphone
zusammen	ensemble
*zusammen*bringen	rassembler, réunir
*zusammen*fassen	résumer
*zusammen*passen	aller ensemble
Zutaten (pl.)	ingrédients
zweit (zu)	à deux

Crédits photographiques

Couverture
H Siegfried Layda/Getty images ; **Mg** Westend/picture alliance ; **Mm** Tim Pannell/Corbis ; **Mbg** Riedmiller/Caro ; **Mbm** Nico Stengert/novarc images ; **Mbd** Predrag Vasilevski/Shutterstock.com ; **B** Paul Langrock/ZENIT-LAIF-REA
10 hg Blasius Erlinger/agefotostock ; **10 hd** Markus W Lam/Zoonar/agefotostock ; **10 bg** Carlos Caetano/Shutterstock.com ; **10 bd** aigarsr/Fotolia ; **12** vario images ; **13** Uwe Umstätter/Westend61/picture alliance/Abacapress ; **14 hg** © Éditions Nathan ; **14 hd** © Éditions Nathan ; **14 m** © Éditions Nathan ; **14 bg** © Éditions Nathan ; **14 bd** © Éditions Nathan ; **15 h** Aleksandar Mijatovic/Shutterstock.com ; **15 b** Denis Doyle/Bongarts/Getty images ; **18 h** Erich Lessing/akg-images ; **18 m** zerocreatives/Westend61/Photononstop ; **18 b** Tessa.hamburg/imagebroker/Okapia/Biosphoto ; **19 hg** D.R. ; **19 hd** Hill Street Studios/Blend Images/Photononstop ; **19 b** Remerciements à Carmelo Garcia Davies ; **22 h** Michael Amme/LAIF-REA ; **22 b** © Henri Schloesser ; **23 h** Kathrin Ziegler/Cultura/Photononstop ; **23 bmg** © La papaye verte ; **23 bd** P. Royer/Blickwinkel/picture alliance/Abacapress ; **24** Illustration by: Norman Junge – From: Ernst Jandl, Norman Junge, fünfter sein - © 1997, 2015 Beltz & Gelberg in der Verlagsgruppe Beltz, Weinheim/Basel ;
26 D.R. ; **27** Avec l'aimable autorisation de la société PLAYMOBIL® ; **28 g** Corneel Voigt/OKAPIA ; **28 d** R. Zorin/Fotex ; **29 h** Christophel © RTL ; **29 m** Gallery Stock/plainpicture ; **29 b** plainpicture ; **30 h** Andreas Rentz/Getty Images ; **30 b** Frank Rumpenhorst/dpa/picture alliance ; **32 h** Collection Christophel © 2013 Lieblingsfilm/mem film/GFF/TMG ; **32 b** © nali - Fotolia.com ; **33** © Ehrlich Brothers Magic ; **34 mh** Radius Images/Photononstop ; **34 mg** Radius Images/Photononstop ; **34 md** Florian Küttler/Westend61/Photononstop ; **34 b** Couverture du livre pour enfants *Die Kleine Hexe* von Otfried Preußler, 1947 © Thienemann-Esslinger Verlag GmbH ; **36 b** © BachOnBach.com ; **37 h** © Clare McNeill. Remerciements à Amglasgow Films et Written By Mrs Bach; **37 b** © 2013 Leipzig Städtewerk C. P. E. Bach *1714/The Packard Humanities Institute; **38** : CD Hui Buh Tome 19: „Das Schlossgespenst" © Hörspiele/Copyright Sony Music Entertainment Germany GmbH/D.R. ; **39 h** Artothek/LA COLLECTION ; **39 b** akg images ; **40** Emma Kim/Corbis ; **41** C. Bach/Konzept und Bild/Visum ; **42 hg** Wavebreak Media LTD/picture alliance; **42 hd** Malte Jaeger/LAIF-REA ; **42 b** Juanmonino/Getty images ; **43** Thomas Langreder/VISUM ; **46** Patrick Seeger/picture alliance ; 47 © Éditions Nathan ; **50 h** ZB-FUNKREGIO OST/picture alliance ; **50 bg** Ute Grabowsky/photothek.net ; **50 bd** Ute Grabowsky/photothek.net ; **51 h** © GMS Althengstett/D.R. ; **51 b** © Freie Waldorfschule/D.R. ; **52** Tim Toupet – © Schedler Music/D.R. ; **55** Robert Frischmuth/Tanzschule Robert Frischmuth ; **56 h** © Internationale Filmfestspiele Berlin ; **56 b** © Éditions Nathan ; **57 g** Andreas Gebert/dpa/picture alliance ; **57 m** Laurent Viteur/FilmMagic/Getty images ; **57 d** Ronald Wittek/dpa/picture alliance ; **58** Jörg Carstensen/dpa/picture alliance ; **60 hg** © sripfoto/fotolia ; **60 hd** © rdnzl/fotolia ; **60 mhg** © Sergey Kravchenko/fotolia ; **60 mhd** © Ruslan Olnchuk/fotolia ; **60 mbg** © viperagp/fotolia ; **60 mbd** D.R. ; **60 b** JGI/Jamie Grill/Blend Images/Getty images ; **61** Eventpress Stauffenberg/dpa/picture alliance ; **62 h** de gauche à droite : © dispicture - Fotolia.com ; © 19510808ivanov - Fotolia.com ; © Andrey Armyagov - Fotolia.com ; © bookzaa - Fotolia.com ; © UMA - Fotolia.com ; © rainette - Fotolia.com ; © arthurdent - Fotolia.com ; © Unclesam - Fotolia.com ; **62 b** Bernhard Classen/imagebroker/vario images ; **64 h** Thea ist Sorbin – © MDR/Telepool ; **64 b** 4FR/Getty images ; **65 h** Sven Picker/VISUM ; **65 b** Ruff/Caro ; **66** Unclesam - Fotolia.com ; **67 h** Arnulf Hettrich/Fnoxx ; **67 b** "Selbstbildnis mit erhobener Hand" 1931/32.akg-images ; **68** Eventpress Hoensch/dpa/picture alliance ; **69** Andersen Ross/Cultura/Photononstop ; **70 h** Christophel © RTL2/D.R. ; **70 bg** Jacob Lindner/Westend61/picture alliance ; **70 bd** Alexandra Dost/Lumi Images/plainpicture ; **71 h** Ursus Wehrli © Adagp, Paris 2016 - *Kunst aufräumen*, 2002 ; **71 b** Arnt Haug/Look/Photononstop ; **72 hg** © tunedin-Fotolia ; **72 hmg** © Robert Kneschke-Fotolia ; **72 hmd** © La papaye verte ; **72 hd** © arsdigital-Fotolia ; **72 bg** © Photographee.eu-Fotolia ; **72 bmg** © La papaye verte ; **72 bmd** © La papaye verte ; **72 bd** © La papaye verte ; **74** © Éditions Nathan ; **74 b** © Éditions Nathan ; **75** Frank Maechler/dpa/picture alliance ; **76 g** Maike Jessen/Picture Press/StudioX ; **76 m** Klaus-Maria Einwanger/seasons.agency/StudioX ; **76 d** Carsten Eichner/Picture Press/StudioX ; **78 hg** Lumi Images/plainpicture ; **78 hd** Manfred Bail/imagebroker/vario images ; **78 m** Falk Heller/argum ; **78 b** Reetdachhaus Brokdorf – © Bestes Bild ; **79 h** Eric Notarianni/CIT'images ; **79 b** Martin Schutt/dpa/picture alliance ; **80** M. Niehues/advantage media services ; **81** © Bundesministerium für Ernährung und Landwirtschaft ; **82** © 2006 Reinhard von Tümpling ; **83** imagebroker ; **84 h** Schmid Reinhard/Sime/Photononstop ; **85 h** Parkour – © doParkour/Lester Woodward/BlueFoxMusic ; **85 b** Westend 61/hemis.fr ; **88** Wojtek Buss/agefotostock/Avenue Images ; **89 hg** Thomas Pflaum/VISUM ; **89 hm** imagebroker ; **89 hd** Käthe deKoe/dieKLEINERT.de/picture alliance; **89 bg** Thomas Stankiewicz/LOOK-foto ; **89 bd** Andreas Lander/ZB Fotoreport/picture alliance; **90 h** Manfred Bail/OKAPIA ; **90 md** D.R. ; **90 mm** D.R. ; **90 md** D.R. ; **90 bg** D.R. ; **90 bm** D.R. ; **90 bd** D.R. ; **92** Hafencity Hamburg – © Kotogoto/Tobias Münch ; **93 hg** © Stadt Hamburg/D.R. ; **93 m** Rainer Waldkirch/Mauritius/Photononstop ; **93 b** Mike Schroeder/argus ; **95** Ernst Weingartner/Chromorange ; **96** Johannes Simon/Westend61/Photononstop ; **97** moodboard/Getty images ; **98 h** Ugis Riba/Shutterstock.com ; **98 m** Klaus Rose ; **98 b** Gerhard Launer/euroluftbild.de/blickwinkel ; **99 hg** © Éditions Nathan ; **99 hd** Wojciech Lisinski/Shutterstock.com ; **99 b** © Éditions Nathan ; **100 g** willymaus/shutterstock.com ; **100 m** ASchindl/Shutterstock.com ; **100 d** vovan/Shutterstock.com ; **102 g** Smit/Schutterstock.com ; **102 d** Andreas Strauss/Look/Photononstop ; **103 g** Leon Harris/Cultura/Photononstop ; **103 m** Oliver Rossi/Fancy/Photononstop ; **103 d** Jamie Grill/Tetra Images/Photononstop ; **104 hg** Leonid Andronov/Shutterstock.com ; **104 hm** Markus Mainka/Shutterstock.com ; **104 hd** Arco Images/picture alliance; **104 mg** Patrick Seeger/dpa/picture alliance ; **104 md** Armin Weigel/dpa/picture alliance ; **104 bg** Uwe Zucchi/dpa/picture alliance ; **104 bd** Peter Weber/Shutterstock.com ; **106 h** Andres Kilger/BPK/Dist. RMN-Grand Palais ; **106 bg** Dietmar Katz/BPK/Dist. RMN-Grand Palais ; **106 bd** © impressed-media.de ; **107 hg** Dominik Michalek/Shutterstock.com ; **107 hd** © Vincent Gascoin, 2016 ; **107 b** Die Bremer Stadtmusikanten – © Deutsches Filminstitut/D.R. ; **109** Junior Ranger – © EUROPARC Deutschland | www.junior-ranger.de ; **110** Andreas Franke/dpa/picture alliance ; **111 g** Coineau/Zoologie/MNHN ; **111 m** Uwe Zucchi//dpa/picture alliance ; **111 d** Teich/Caro; **112 hg** © La papaye verte ; **112 hd** M. studio - Fotolia.com ; **112 m** Thomas Frey/dpa/picture alliance ; **113** © Eric Gevaert - Fotolia.com ; © Sailorr - Fotolia.com ; **114** Hob-Design/Stadt Karlsruhe ; **116** Barbara Boensch/Zoonar ; **117 g** © Anaconda Verlag GmbH ; **117 m** De Agostini/Leemage ; **117 dhg** Renate Kühling/DPA/Abaca ; **117 dhm** DB Grovermann/DPA/Abaca ; **117 dhd** Kreis Lippe/Landesverband Lippe ; **117 db** *Varusschlacht*, A Koch, 1909/Lippisches Landesmuseum Detmold ; **118 g** © Rouven Kegel ; **118 d** Bildarchiv Steffens/akg-images ; **119 g** Stefan Korber/Fotolia ; **119 d** Artothek/La Collection ; **120 h** Manfred Grohe/Römisches Freilichtmuseum/D.R. ; **121** © Stadt Hamm, Gustav-Lübcke-Museum/D.R. ; **122** © Vincent Gascoin, 2016; **123 hg** Stefan Thurmann/Picture Press/StudioX ; **123 hd** ygor/Shutterstock.com ; **123 bd** © bobo - Fotolia.com ; **123 bg** LianeM/Shutterstock.com ; **124 hg** Janne Peters/Picture Press/StudioX ; **124 hd** Gerhard Leber/imago/StudioX ; **124 b** © BASTELMANIA/D.R. ; **125 g** Picture Press/StudioX ; **125 hd** Christine Bauer/Jalag/Seasons/StudioX ; **126 h** Patrick Poendl/Shutterstock.com ; **126 b** Michael Reichel/ZB/picture alliance; **127 h** Olaf Schulz/Shutterstock.com ; **127 b** © Stadt Rottweil/D.R.

Crédits sonores
38 HUI BUH – © EUROPA Hörspiele/D.R. ; **125** © „O Tannenbaum" – Text: August Zarnack (1. Str.) Ernst Anschütz (2. und 3. Str.) – Musik: altes Studentenlied. Aus der CD: *Die große goldene Liederfibel* – von Heribert und Johannes Grüger – Arrangements: Jürgen Treyz – Es singen der Kinderchor der Martinskirche Oberesslingen sowie der Kinderchor und die Kurrende der Stadtkirche St. Dionys Esslingen unter der Leitung von Hanna und Uwe Schüssler. – (c) und (p) 2016 Argon Verlag GmbH, Berlin.

N° d'éditeur: 10215925 - avril 2016 - Achevé d'imprimer en Espagne par Gráficas Estella